作者简介

叶　欣　1980年7月生，湖北武汉人，2002年7月毕业于中南财经政法大学经济法系，获法学学士学位；2005年7月毕业于中南财经政法大学诉讼法学专业，获法学硕士学位；2008年7月毕业于武汉大学法学院民商法学专业，获法学博士学位。现在武汉大学WTO学院任教，主要从事民商法学研究。

主持湖北省社会科学基金项目、武汉大学人文社会科学科研项目、武汉市社会科学基金项目等，参与国家社会科学基金项目、湖北省环境保护厅项目等课题研究，先后在《光明日报》、《武汉大学学报》、《江汉论坛》等权威、核心刊物上发表学术论文十余篇。

武汉大学学术丛书

Wuhan University Academic Library

现代成年人保护制度的民法研究

叶欣 著

武汉大学出版社
WUHAN UNIVERSITY PRESS

图书在版编目(CIP)数据

现代成年人保护制度的民法研究/叶欣著. —武汉: 武汉大学出版社, 2011.11
武汉大学学术丛书
ISBN 978-7-307-09361-4

Ⅰ.现… Ⅱ.叶… Ⅲ.成年人—人权—保护—民法—研究—中国 Ⅳ.D923.04

中国版本图书馆 CIP 数据核字(2011)第 254173 号

责任编辑:钱 静　　责任校对:黄添生　　版式设计:支 笛

出版发行: 武汉大学出版社 (430072 武昌 珞珈山)
(电子邮件: cbs22@whu.edu.cn 网址: www.wdp.com.cn)
印刷:武汉中远印务有限公司
开本: 720×1000 1/16　印张:12　字数:166 千字　插页:3
版次:2011 年 11 月第 1 版　2011 年 11 月第 1 次印刷
ISBN 978-7-307-09361-4/D·361　定价:31.00 元

目　　录

序

对弱势群体的保护和关注程度，是现代社会文明、理性和正义的一个重要标志。在民事领域内，成年人因其心智成熟，一般被认为是当然的、独立自主的民事主体，但有一般就有例外。本书所探讨的成年人保护制度将那些因某些原因处于弱势的成年人以被保护对象的方式纳入研究范畴，突破了传统成年人监护制度相对狭隘的研究视野。作者认为，我国现有的成年人监护制度尚不完善，如何对这一制度进行理论证成与现代化变革是一个极具挑战性的课题。

作者以系统构建现代成年人保护制度为研究目标，对其予以了法理学、法哲学的论证，在合理比较和借鉴各国立法经验的基础上，对成年人保护制度的理论基础、构建框架、保护模式都进行了充分的阐述和分析，以实现对那些处于弱者地位的成年人利益的倾斜性保护。

一项新的法律制度的产生和建立，需要融入丰富的、深刻的学术争论和智识探讨的结果。本书的意义首先在于为相关领域的深入研究作了基础性的铺垫，对至目前为止的相关学术研究状况和脉络进行了细致的梳理，以独特的视角和方法提出现代成年人保护制度的构想和论断。其次，基于保护弱者正常生活理念的需要，本书研究的课题较好地切合了现实的社会需求，是推进弱势群体权益保护研究的一次有意义的尝试和探索，使我们从民法的角度对成年人保护制度的本质性认知和理解上升到一个新的高度，在一定程度上弥补了现代成年人保护制度理论研究的薄弱环节。

作者一直致力于从事民法学的学习和研究，勤奋而好学。但对处于弱势的成年人保护问题进行系统、清晰的论证和阐述，并非易事，本书不可避免地也存在一些需进一步完善之处。就整体而言，本书所提出的见解和建议无疑对于成年人保护的理论基础研究具有启发性。在本书付梓之际，作为作者的博士生导师，我为此而感到欣慰，谨致数语，是为序。

张里安

2011 年 10 月 18 日于珞珈山

内容提要

本书将如何保护处于弱势地位的成年人在私法领域的合法权利作为选题，着重研究已经成年的身体障碍者、精神障碍者、智力障碍者和老年人的权利保护问题。我国民法上的传统成年人监护仅针对精神病人和痴呆症者设立，并以全面或部分限制其行为能力的方式进行监管，却对因身体或智力上的不足而完全或部分不能处理其事务的人，没有作出明确的规定，其利益未能够得到有效保护。当今世界各国对成年人监护制度纷纷进行改革，建立以尊重自己决定权、充分活用其能力为理念的现代成年人保护制度。在这种背景和发展趋势之下，如何对我国传统的成年人监护制度进行修改和完善，是一项重要的研究课题。

全书除引言与结语外，共分为五章，对成年人保护制度展开了全方位的研究，勉力建立适合我国的现代成年人保护体系。第一章着力分析成年人保护的含义与性质、功能分析及理论分类，对成年人保护制度的构建基础和理念进行哲理上的阐述。第二章采用比较研究的方法对两大法系成年人保护制度的发展趋势予以梳理，从历史的层面考察归纳各国成年人保护制度的特点及发展规律，以之作为有益的参考。第三章运用逻辑分析的方法，论证行为能力的理论基础，重新定位成年人保护制度设立的动因、模式及行为能力与成年人保护的关系。第四章从人身利益和财产利益两个方面对现有成年人保护的其他方式进行分类分析，整合各种具体制度的特点来实证研究处于弱势的成年人权益保护问题。第五章在解读我国目前立法草案的基础上，重点探讨成年人保护关系的动态发展、成年保护人的选任、基本原则、保护对象、监督机制等方面的问题，系统建构和完善我国现代成年人保护制度，促进我国民法现代化的进程。

关键词：自我决定　正常化　保护　意思自治

引　言

一、研究意义

希腊大哲学家亚里士多德在其名著《修辞学》一书中曾说，“高龄者——就是已经走过了它们的黄金时代”。现任美国第七巡回上诉法院法官、芝加哥大学法学院教授理查德·A. 波斯纳认为，“把衰老看做这样一个过程是最为有益的，这个过程的因素之一就是身体（包括躯体和精神）的能力在许多方面的无情下降，在这里称为‘身体衰退（Decline）’”。① 生理上的衰退，包括运动机能、肢体动作机能、反射机能、肌肉质能、体力、精神、活力、视觉与其他知觉的敏感度、生育能力、免疫系统等方面的下降；心理上的衰退，包括记忆力（特别是短期记忆力）、冒险精神、接受新事物或挑战的意愿的降低。值得注意的是，某些疾病的罹患率随着年龄的增加而上升，正是老化的明显特征，因此，医疗照护也是老

① ［美］理查德·A. 波斯纳：《衰老与老龄》，中国政法大学出版社 2002 年版，第 18～19 页。

化过程中不可避免的问题。1995 年，56 岁的波斯纳法官出人意料地把学术目光投向了老龄化这样一个在法律学术界一直不大被看重的领域。① 老龄化社会给我们不仅带来了一系列的社会问题，也带来了值得关注的法律问题。老年人随着年龄的增长、生理机能的衰退，其判断能力、意思表达能力逐步下降，容易被社会、家庭所忽视，而我国民法上缺乏对老年人这样的弱势群体的明确保护，为使处于弱势地位的成年人在私法领域的合法权利得到切实的保护是本书研究的重要意义。随着社会的全面转型和法治建设的逐步深入，在我国的社会生活中，不仅未成年人需要设立监护，保护其合法的人身权益或财产权益，而且成年人在某些情况下因精神状态、智力发育、年龄等原因同样需要设立监护，以保护其合法的人身或财产权益。苏力教授认为："老年人与青年人的一个重要差别是智力，这一点人们都接受并往往认为老人不如年轻人。"波斯纳指出："借助心理学上'固态智力'和'动态智力'的概念区分，上面的判断实际上是人们选择性抽样和概括的结果……一般说来，年轻人的动态智力较强，固态智力较弱，换言之，他们学习创造的能力较强，知识更新快，但这些知识都未能身体化，经验累积少；老人则相反。一般说来，在完全衰老之前，每个人都会随着年龄的增加而某些能力加强，有些能力则会随着年龄增加而减少。"② 与未成年人监护相比，成年人监护在不同时期、不同法律传统和不同社会价值取向下有不同的监护发生原因，这也导致了其具体制度的不同。我国民法理论界有部分民法学者对于成年人监护的理论研究开始予以关注，但主要处于介绍评述阶段，缺乏系统性，研究深度也有待加强，于是对成年人保护制度③进行深入、系统的分析和研究成为这一选题的现实意义。本书拟在现有讨论的具体制度之上，深入分

① ［美］理查德·A. 波斯纳：《衰老与老龄》，中国政法大学出版社 2002 年版，译序，第 II 页。

② ［美］理查德·A. 波斯纳：《衰老与老龄》，中国政法大学出版社 2002 年版，第 VI 页。

③ 本书以建立现代的成年人保护制度为目的，以区别于传统的成年人监护制度，故称谓不同以示区别。

析设立成年人保护制度的理论基础及多元化的财产、人身保护机制，并对我国成年人保护制度提出构想，以期对我国民法典制定这一重要内容时有所裨益。

二、研究背景

为回应现代民法对弱势群体保护的要求，世界各国对成年人监护制度纷纷进行改革，扩大成年人保护的对象范围，旨在建立以尊重自己决定权、充分活用其能力为理念的现代成年人保护制度。在大陆法系国家中，法国在1968年率先对成年人监护制度进行了重大修改，奥地利在1984年和1990年、德国在1992年、日本在1999年也随之进行了重大修改。英美法系对成年人监护是通过对普通法上代理制度的完善来实现的。针对普通代理制度在此问题上的缺陷，英美法系国家在其判例基础上，也相继出台了一系列持续性代理权法，来弥补其不足，满足现实社会的需要。如英国于1985年制定了《持续性代理权授予法》，加拿大于1978年制定了《统一代理权法》，美国于1969年制定了《统一持续性代理权授予法》。从各国对成年人监护对象的演变过程来看，原先的监护对象主要是精神状态异常、浪费挥霍、酗酒和吸毒的人，并对这些人群的行为能力在较大程度上进行限制，剥夺其意思决定事项的能力，监护人对受监护人的财产和人身利益具有极大的支配性，受监护人完全处于一种被动状态。通过一系列的立法改革，各国相应扩大了成年人保护的对象——将因身体障碍、心神或精神障碍者，身体功能失常或个人官能衰退等不能保护自己利益、欠缺判断能力的人和老年人也纳入保护范围，特别是包括了因身体残障而不能独立处理自己事务、需要他人予以保护的人。同时对被保护人的行为能力也不再进行剥夺，更多地尊重被保护人的意思能力，从人身利益和财产利益方面全方位地进行保护。

对于我国而言，目前，我国传统成年人监护仅针对精神病人和痴呆症者设立，以全面限制和剥夺行为能力的方式进行监管，忽视了对因身体或智力上的不足而完全或部分不能处理自己事务的人的权利保护。在各国修改成年人监护制度的国际潮流之下，我们必须审视我国现有的成年人监护制度，针对监护对象较狭窄、监护方式单一等问题以及老龄化社会的现实需求、价值理念转变的要求，逐步完善我国的成年人保护制度。

三、研究现状

在立法方面，我国《民法通则》第二章第二节共有4个条文规定了监护制度，将监护分为对未成年人的监护和对精神病人的监护，内容非常简略。虽然《最高人民法院关于贯彻执行〈中华人民共和国民法通则〉若干问题的意见（试行）》中对此问题作了补充规定和扩充解释共14条，在一定程度上弥补了《民法通则》规定的不足，但仍显笼统。在地方性法规中，上海市于2001年12月28日通过了《上海市精神卫生条例》，这是我国第一部对精神卫生工作进行了详细规定的地方性法规，该条例已于2002年4月7日起施行。该条例第1条即开宗明义，以加强精神卫生工作，保障精神病患者的合法权益，提高市民的心理健康水平为宗旨。该条例对精神病人的自主决定的权利进行了一定的保护，如第22条、第23条的规定，这在一定程度上也说明了我国对行为能力有欠缺的成年人自主决定权利的关注和价值追求的转变。

在理论研究方面，我国近年来关于成年人监护制度的成果主要有：白绿铉《日本修改成年人监护法律制度动态》（载《法学》1993年第3期）、王宁《日本民法民事行为能力制度刍议——兼谈我国民事行为能力制度的完善》（载《河北法学》2002年第6期）、孙建江《成年人行为能力欠缺制度研究》（载《法学》2003年第2期）、李霞《成年后见制度的日本法观察——兼及我国的制度反思》（载《法学论坛》2003年第5期）、魏树发《成年人监护法的理念和立法课题》（载《福建论坛·人文社会科学版》2006年第11期）、梁国启《中日成年人监护制度比较研究》（吉林大学2004年硕士论文）、范新天《成年人监护制度研究》（西南政法大学2005年硕士论文）、谢玉美《现代成年监护制度探析》（苏州大学2006年硕士论文）、刘立木《论我国成年人监护制度改革》（四川大学2006年硕士论文）、李因来《高龄者照护法律制度研究》（山东大学 2006 年硕士论文）。

总体来说，这些研究成果表明我国学者已开始关注成年人保护的领域，但对成年人保护制度的研究主要处于介绍评述阶段，并未涉及成年人保护制度建立基础的理论阐述和内容体系的具体构建，而且研究深度也有待加强，于是对成年人保护制度进行深入、系统的分析和研究体现了本书选题的现实意义。

四、研究思路

当老年人因年老体衰、判断能力逐渐丧失而需要他人协助处理财产或身体照顾等事务时，我国目前的法律制度——扶养、监护、代理等是否足以满足老年化社会有关老年人财产与身体利益照顾的需求？各种法律制度在对老年人的适用上有何利弊呢？如何在已有的法律制度之间寻求一种衡平，实现老年人利益的最大化？这是本书努力研究的方向。世界各国对成年人监护制度纷纷进行改革，建立以尊重自己决定权、充分活用其能力为理念的现代成年人保护制度。现代成年人保护制度中的成年人监护或成年人照顾不应该以进行监管为中心，而应该以被保护人的需要为中心。这一认识迫使原来的法律体系或法律理念进行了改革。我国目前成年人监护的对象仅限于精神病人（包括痴呆者），却忽视了因身体或智力上的不足而完全或部分不能处理其事务的人，由于现行民法未作出明确的规定，其利益没有能够得到有效保护。因此，对已经是成年人的身心障碍者、智力障碍者和精神障碍者的人身、财产和其他合法权益如何从私法的角度进行有效的保护成为亟待解决的重大问题。本书对这一问题的深入研究希望能对实现构建和完善我国成年人保护制度奠定坚实的理论基础这一目标有所帮助。研究的具体思路遵循从成年人保护的构建基础、价值理念、国外制度的比较考察、基础能力分析、保护方式以及制度内容的构建等方面来进行阐述。

五、研究目标和方法

本书将建立适合我国适用的、尊重被保护人人权和意思自治的现代成年人保护制度作为研究目标。以历史考察、比较的方法阐述大陆法系和英美法系的成年人保护法律体系及发展状况，采用法哲学分析方法、逻辑分析和归纳方法等多种方法对成年人保护制度的构建基础、成年人的能力、保护方式、成年人保护制度的具体构建进行论证分析。

第一章

成年人保护制度的基本理论

第一节　成年人保护制度概说

一、成年人保护的含义与性质

成年人保护是对已经成年但身体上、精神上、心智上有障碍的人设立的一种保护其合法权益的民事制度。拟建立的现代成年人保护与传统（即现有）的成年人监护制度相比，存在以下区别：第一，从包涵内容上来看，现代成年人保护所包涵的内容范围要广，因为本书研究的成年人保护制度包括民法中的有关成年人保护方面的法律机制，主要分为财产方面和人身方面，如传统的成年人监护、代理、委托、生前预嘱、预立医疗照护指示、医疗同意权等多个法律制度的整合，而现有的成年人监护的范围要狭窄一些，专指与行为能力欠缺有关的监护方式。第二，从制度理念的更替和法律精神的发展方面来看，现代成年人保护制度蕴涵着维持生活正常化、活用尚余能力的重要理念为中心的法律精神，要比传统的成年人监护制度更具有时代性、人性化的特征。第三，从模式的构建来看，成年人保护是包括辅助、保佐、监护等保护方式在内的所要建立的一种多元化的、目标式的现代法律制度，而现有的成年人监护制度只有单一的代管、代理模式。需要特别说明的是，因为本书探讨的法律制度，是需要从一种新的视角来进行制度性变革的，而目前我国民法学界的研究大多使用的是“成年人监护”，所以对于成年人保护制度的性质的分析即从传统的成年人监护制度中展开，体现的是一种追根溯源的研究方法。

（一）“监护”的语源考察

以较为完整的制度形态进入法律语境中的“监护”，起源于罗马法。在拉丁语中称为“tutela”，塞尔维将其定义为：“对于那些由于年龄原因而不能自我保护的自由人给予保护的、由市民法所赋予的权力。”① 监护人（tutores）是指有着上述权力之人。值得注意的是，早期罗马法将“监护”定义为一种“权力”。随着罗马法的影响与日俱增，罗马法语境中的监护也广为流传，无论是法语中的“tutelle”，还是意大利语中的“tutèla”，抑或德语中的“Vormundschaft”，虽然在监护的外在形式上发生了诸多变化，但其基本内涵和外延在一定程度上带有罗马法语境中监护的痕迹。英美法语境中的监护与罗马法存在着较大差异，其中一直存在着“Custody”和“Guardianship”的交替使用，无论在理论中或在实践中严格区分二者都无必要，也很困难；《英汉双解法律词典》中将“custody”定义为“Control of a person, such as the right and duty of a parent to keep and bring up a child after a divorce”，将“guardianship”解释为“State of being a guardian”，② 实际上也并没有分辨出两者的真实内涵。在中文类辞书中多采用“guardianship”，而在英文类著作中多使用“custody”。两词皆为保

---

① ［意］彼德罗·彭梵得：《罗马法教科书》，黄风译，中国政法大学出版社 2005 年版，第 129 页。

② ［英］P. H. 科林：《英汉双解法律词典》，世界图书出版社 1998 年版，第 238 页。

护之意。

就语言的表述来看，汉语的“监护”、拉丁语的“tutela”、法语的“tutelle”、意大利语的“tutèla”、德语的“Vormundschaft”、英语的“custody”与“guardianship”，内涵皆有“保护”之意。据此可知，“监护”的语义通“保护”。追溯“监护”之汉语词源，可得出三点结论：

第一，在我国传统语境内，“监”与“护”多分开指称，即“监”者，“临下也”、“观也”、“察也”、“领也”、“摄也”、“视也”，《辞海》释其意为“监视、督察”；“护”者，“救视也”、“助也”、“监视也”、“总领之也”、“保安之也”、“慎守也”，《辞海》解释其为“护卫、护助、回护、包庇、监领”。① 依此字面释义，“监”与“护”不仅有语义上的贯通连用的构词基础，而且有指称行为或现象连接完整的造词逻辑取向，成词“监护”顺其自然，并可引申出监督、控管、引领、照顾、看护、保护、救助、扶助、管教等多种含义。

第二，在古汉语中，“监护”一词虽未广泛使用，但也并非从未出现过。古汉语中的“监护”有两种解释，一曰督察、督管，《后汉书·来歙传》载有“诏使留屯长安，悉监护诸将”；二曰监督、保护，《汉书·疏广传》记有“使其弟中郎将舜监护太子家”。②

第三，在中国法制史书籍和律令文献中，不曾使用“监护”一词作为制度术语和法律称谓。直到1911年《大清民律草案》，“监护”一词在中国法律上才正式出现，随后1925年完成的第二次民律草案和1930年的《民国民法典》相继使用“监护”。③ 此后，中国的法学研究、法学教育和法律实践中开始不断出现“监

① 参见《中华大字典》(上册)，中华书局影印1978年版，第1597～1598页；《中华大字典》(下册)，中华书局影印1978年版，第2372页；《辞海》(下册)，上海辞书出版社1979年版，第3865页。

② 《古今汉语词典》，商务印书馆2000年版，第678页。

③ 参见胡长清：《中国民法总论》，中国政法大学出版社1997年版，第16～22页。

护”这一概念。

“监护”作为一个制度术语，其制度语源不是来自中国固有法律制度和法律文化，作为法律称谓之“监护”尚属空白。法学词汇中的“监护”是西方民法和罗马私法的移植物。① 因而，“监护”一词输入中国法学词汇，在一定意义上是中国近代或现代法制发展、私法兴起的表现。② 对于未成年人监护制度来说，注重的是“监督”和“保护”。而现代的成年人保护制度，是指为保护判断能力不足、行为能力欠缺的成年人（如痴呆性高龄者、智能障碍者、精神障碍者等）而设的制度，③ 更多地强调对处于弱势地位的成年人的“保护”。

（二）监护制度的法学性质分析

“监护”一词不具有单一的概念，它广泛地运用于医学、伦理学、社会学、法学等多个学科领域。在法学领域内，其严谨、明确的命题应为“监护制度”的概念和性质，虽然在法学著作与论述中也常将“监护制度”表述为“监护权”，似乎强调监护是一种权利。在此应当明确：法学所表述的“监护性质”即“监护制度”的性质究竟应如何定位？

罗马法的监护制度是在家庭制度的基础上出现的，实际上是为了家庭利益而设的代行家长权的一种形式，而家庭从过去至现在都认为是保障弱者如老人、幼儿、疾病者之保护机构。近年来，由于社会的变迁，家属间、家庭间之关系日益松动，原具有司法色彩的监护制度渐离亲属法的范畴，多数国家的监护职务为国家之公务，因而设立专职机构执行监护工作，使得监护制度兼具公法、私法之双重功能。如德国联邦法院在1960年的一份判决中明确表示，监护制度系国家执行其对国民之公法上之保护任务，监护系一公职，监护人不再只限于家庭成员，任何国家为履行其照顾人民而指定之

---

① 参见龙卫球：《民法总论》，中国法制出版社2002年版，第13～15页。

② 参见李霞：《监护制度比较研究》，山东大学出版社2004年版，第3页。

③ 参见刘得宽：《德国成年监护制度之改革》，载《法学丛刊》1998年第170期，第1页。

可信任之人均可为监护人，国家为此对之采取行政监督之控制。①监护的性质在学术界存在不同的几种观点：

1. 监护权利说。

监护是一种身份权，是基于监护人的特定身份而产生的权利，表现在监护人对于被监护人，就其人身和财产利益具有身份上的支配关系，监护人可以保护其人身、处理其财产、代理其进行民事活动。有学者解释说："监护权基本上同于亲权，只是惩戒权受到限制。而对于精神病成年人的监护者，在财产上，同于亲权；在人身上，则以身体和健康的照料、治疗和保护为主，同时也包括对于侵权行为的救济权以及居所指定权，因而，其性质属于身份权。"②亲权是一种身份权，而"监护权"则不能成为身份权，其并不是仅限于具有亲属身份关系才产生的。从最初设立监护制度的目的来看，是为了保护被监护人的利益，因此决定了监护不可能是权利。③ 由于我国现行监护制度的法律规定对监护人设置了较多的职责、义务，就监护人所享有的权利未作详细说明，在一定程度上否定了监护的权利性质。即使监护人有着某些具体的权利也是服从于他的职责的，也就是说，他的权利不是独立的权利，赋予权利是为了更好地行使职责。"民法总的来说是权利为主，义务为辅，但在监护制度中应该是以职责义务为核心，权利是为义务服务的。"④

2. 监护义务说。

监护制度并没有赋予监护人任何利益，而只是课以沉重的负担，如果说监护是一种权利，而权利的最终落脚点是权利人从权利中获得利益，岂不等于说监护制度是为监护人的利益而设？但事实上，监护人对被监护人特别是未成年人有管理、教育，甚至是惩戒的权利，绝对不仅仅是负担的义务。

---

① 参见李霞：《监护制度比较研究》，山东大学出版社 2004 年版，第 25 页。

② 参见张俊浩：《民法学原理》，中国政法大学出版社 1997 年版，第 115 页。

③ 参见徐国栋：《试论完善我国监护制度问题》，载《西北政法学院学报》1987 年第 2 期。

④ 顾昂然、王家福、江平：《中华人民共和国民法通则》，中国法制出版社 2000 年版，第 92 页。

3. 权利义务统一说。

该说认为，监护既是一种权利，也是一种义务。“监护究为权利抑或义务？能否说监护统为一种民事权利？答案是否定的，因为大凡权利皆可放弃，义务皆须履行。而在监护关系存续期间，监护人于未有正当理由时，不准其辞其职务，从这点来看，监护应为义务。但这不意味着监护纯为一种义务，因为监护除了体现为对被监护人应尽的人身照顾、财产照顾及其代理被监护人进行民事活动等义务外，同时也体现为监护人为上述目的之达成而依自己意思作为或不作为的权利，任何他人不得侵犯，所以，监护是义务，是就此制度之设立旨在为监护人提供一基本约束而言的；监护是权利，是就其履行由监护人依自己意思而作为或不作为而言的。因此，两者结合，监护在本质上不失为一种权利，只不过以一定的义务为前提、为中心、为目的，权利和义务虽然一体，却仍能辨清。再者，从法律价值上考虑，监护关系是亲子关系或配偶关系的一种延伸，属于一种伙伴型关系，监护人对被监护人的关心照顾，是一种法律无法直接实现的慈爱价值，因此就像在亲权中一样，法律对监护也规定最低限度的义务，即在保障伙伴型关系存续所必需的安全、秩序价值后，听凭监护人去作为或不作为。”①

4. 监护职责说。

“监护并不是一种权利，而是一种职责，监护的内容在于保护被监护人的人身和财产，而不是对人的支配的权利。在罗马法中就把监护视为一种公职，而不是权利。我国设立监护制度，纯粹是为保护被监护人的利益，决不允许监护人借助监护以谋取自身利益”②，“监护在性质上并不是权利。诚然，在监护关系中，监护人享有一定的权利，如监护人为了被监护人的利益，可以合理地利用或处分被监护人的财产；当被监护人的人身、财产和其他合法权益受到非法侵害时，监护人作为法定代理人有权代理被监护人请求人民法院给予保护，代为参加诉讼活动。从实践来看，常常片面地强

---

① 王利明：《人格权法新论》，吉林人民出版社 1996 年版，第 204 页。

② 梁慧星：《民法》，四川人民出版社 1989 年版，第 84 页。

调监护人的责任，而忽略监护人的某些权利，如辞去监护之责的权利，请求适当报酬的权利，以至于对有些未成年人或精神病人常常无人愿意担任其监护人。监护人要有一定的权利，并且是一种带有社会公益性质的公职。监护的本质为一种职责，或者说是法律课加给监护人的片面义务，而非民事权利。因为权利的最终落脚点是权利人从权利中获得利益。我国《民法通则》规定的监护制度纯粹为保护被监护人的利益，决不允许监护人借监护以谋取自身利益，且《民法通则》第 18 条明文规定监护为职责”。①

上述各种学说从不同角度阐述了监护制度的性质，因所取的角度和对象的不同，看到的问题也仅是片面的，应当根据不同的监护对象来研究监护制度的性质。

1. 未成年人监护的性质。

未成年人监护制度包括“监督”和“保护”两个方面。“监督”显然是为防止被监护人对社会产生危害。监护人未尽监护义务致使被监护人产生对第三人损害时，监护人承担监护责任。“保护”则意味着，监护人一切行为均以被监护人的利益为重。对被监护人有利原则，是其监护行为的出发点。事实上，这一原则也成为我国法院确定监护人的一个基本依据。② 可见，监护制度的存在本旨，一方面在于保护社会利益，另一方面则在于保护被监护人的利益。从权利的行使必然与一定利益相联系的角度来看，监护显然不是一种权利而是一种义务。然而，纯粹把监护作为义务看待，有时候也会与现实相矛盾。因为一方面，生活中存在着大量争夺监护人资格的事实，另一方面，监护人在履行监护义务的过程中享有一定程度的惩戒权。显然，对被监护人的惩戒是保护社会利益的需要，同时在客观上也是被监护人健康成长的需要。因此，被监护人不能因受到惩戒而请求侵权赔偿，因为监护人的行为事先取得了法律的授权。至于争夺监护人资格的现象，我们可以从一种功利主义

① 梁慧星：《民法总论》，法律出版社 2001 年版，第 115 页。

② 参见《最高人民法院关于贯彻执行〈中华人民共和国民法通则〉若干问题的意见（试行）》第 14 条。

的角度来看待这个问题：虽然监护制度会给予监护人大量的负担，但是如果监护制度存在于家庭关系之中，则监护行为是培养、寄托一定情感和精神的需要；如果存在于家庭之外，则除了寄托一定情感的需要，最大的可能便是出于利己的动机。事实上，很多国家的民法中有关于监护人报酬请求权的规定。从这些情况看，监护又带有一定的权利性质，一般把这种权利叫资格权。

“职责”是一个带有公法色彩的词语。当我们探寻监护制度设立的原因时，就会发现监护制度的公法性所在。在罗马法时代，家子和奴隶被看做从属于家长的“他权人”。当这些“他权人”侵害他人利益时，作为“自权人”的家长必须对外承担侵权责任，从而会损害到家族的利益。于是当时的统治者为了维护社会秩序而赋予家长以监护权。这种监护制度的设立，与其说是为了调整家长和其子女之间的关系，倒不如说是国家对“家长们”课以的责任。现代监护制度的设立，一方面是为了维护社会利益，另一方面则是为了保护被监护人的利益。从维护社会利益的角度来看，现代监护制度与古罗马社会的监护功能是一致的，公法色彩同样存在。从保护被监护人利益的角度来看，其公法性又何在呢？众所周知，在当代，国家日益被视为是由民众授权而存在的公共权力机构，为此，它必须关注每一个处于微弱境地的公民。面对如此众多需要帮助的人，人力、财力及物力十分有限的国家是不可能自己完成监护责任的，于是立法者便将这种原本属于国家的义务分散到家庭及社会上。从这个意义上讲，保护被监护人利益的监护制度也是一种公法上的制度。

总之，从权利的角度来看，监护是一种以义务为其主要内容的权利（也许叫做资格权更为妥当），而从义务的角度来看，监护则又是一种带有权利性质的义务。我们既不能单纯地将其视为权利，也不能单纯地将其视为义务，而应当将其看做一种法定职责。未成年人监护的性质是一种职责，监护人与被监护人之间不具有权利义务的对等性，被监护人没有相应的、积极的权利，只是处于被保护和监督的地位，而监护人负担的职责意义重大：监护人享有管理、教育、惩戒等权利，同时有义务防止被监护人的不法行为造成任何损害；当被监护人给他人、社会造成损害时，作为诉讼代理人参与诉讼程序，并可能成为实际损害的承担者。由此可见，未成年人监护制度不仅承载着一定的家庭功能，而且还具有公法上的意义。

在讨论未成年人监护制度时，“亲权”是不可回避的一个话题，我国没有明确区分亲权与监护。在传统民法中，对未成年子女的监护是亲权的补充和延伸，只有在父母均丧失亲权或没有亲权能力时，才准用监护。① 但实质上监护的对象远远大于亲权，它不仅包括对未成年人的监督和保护，还包括对无民事行为能力和限制民事行为能力的精神病人的监督和保护。就未成年人来讲，监护和亲权也存在着很多区别：（1）亲权立法采取放任主义，法律对父母持信任态度，因此立法上对亲权人的限制较少；监护立法采取限制主义，由于监护人与被监护人尽管存在某种身份关系，但毕竟较为疏远，而被监护人不具有保护自己的能力，因此立法对监护人的活动进行严格限制。（2）亲权的成立以亲子关系为基础，亲权人对于子女的财产享有无条件的用益权；而监护人与被监护人之间没有这种特定的身份关系，监护人非为被监护人的利益，不得使用他的财产，如监护人为自己的利益使用了被监护人的财产或款项，应支付租金和利息。（3）亲权人对子女负抚养义务，而监护人对被监护人不负抚养义务，监护人可就其监护活动请求报酬。（4）亲权人将患有精神病的子女送入精神病院等限制自由场所时，无须有关监护主管机关的许可；而监护人对被监护人为同样行为时须取得有关监护主管机关许可。（5）亲权因父母子女间身份关系之发生而自然发生，无须经过特别批准，只有在法定条件下才受到限制；而监护职责的承担，无论是法定监护人还是指定监护人，都须取得监护主管机关的许可。（6）行使亲权无专门的机关进行监督；而监护职责的履行，有专门机关的监督。② 由此可见，父母作为亲权人和作为监护人有很大不同，其权利义务的内容相差甚远。监护一般

---

① 参见曹诗权、陈小君：《我国婚姻法的宏观立法思路与具体方案之重构》，载《江苏社会科学》1997 年第 4 期，第 76 页。

② 参见彭万林：《民法学》，中国政法大学出版社 1994 年版，第 63 页。

是对不在亲权照护下的未成年人和其他处于特殊情况下的人才实施的保护制度，是亲权制度的延伸。①

2. 成年人保护②的性质。

成年人保护与未成年人监护相比较，其在不同时期、不同法律传统和不同社会价值取向下有不同的监护发生原因，这也导致了其具体制度的不同。我国未成年人的父母作为监护人，对子女提供成长过程中的身心照顾，可以进行抚养、教育、管理，具有一定的惩戒权，目的是为了督促其健康良好地成长和发展；在教育管理未成年人的同时，既要保护未成年人的合法利益不受非法侵害，也要避免其给社会、他人造成一定损害，所以可以认为未成年人监护的性质是兼具公法、私法性质的一种职责。

对于成年人监护而言，从我国目前制度的设置来看，可以说也是一种特定的职责。我国成年人监护制度仅对成年的精神病人（包括痴呆症人）设立，主要是强调对这一类群体进行管理和限制其行为能力、意思自治，并防止他们对自身、他人和社会造成不良后果。但是从建立现代成年人保护制度的目标来看，成年人监护制度的性质应当是权利义务的统一体，不应再强调是一种职责。新型的成年人保护制度的设置目的是维护处于弱势地位的成年人的合法利益，保障其生活的正常化；在充分尊重其意愿的前提下，对被保护人提供帮助和照顾。被保护人虽然在年龄上已经成年，具有一定的知识背景、生活经验，但是由于自然衰老或外部因素的影响而丧失全部或部分的意思能力，从而无法处理自己的事务；成年保护人的确立，使得这些弱势的被保护人的行为能力得到延伸和补充，有利于其合法权利的充分实现。成年保护人在履行照顾义务的同时也享有一定的辞任、报酬请求上的权利等，因此重新构建现代成年人保护制度，就应当将其性质定位在权利义务的统一体上。成年人保

① 参见张丽燕：《我国民法未成年人保护制度的缺陷及完善》，载《湖北社会科学》2001 年第 6 期，第 27 页。

② 本书以建立现代的成年人保护制度为目的，采用以区别于传统的成年人监护制度的“成年人保护”称谓。

护的对象应不仅限于精神障碍者，还应包括那些因意思能力不足及智能、身体上的原因而不能处理自己事务的人——老年人、身体障碍者、心智障碍者等，这是从保护弱者利益的目的出发，不再仅仅是限制其自由和能力；保护人在负担照顾、护理义务的同时，也享有相应的权利，从而体现权利义务的一致性。

二、成年人保护的功能分析

法律社会学揭示：法律作为一种社会现象与社会有机体之间存在着相适应的地方，这种相适应的地方就是法律的功能；法律存在于社会大结构或大系统中，法律本身又是有结构的；法律的内在结构直接决定或影响它在社会结构中所处的地位。① 成年人保护制度具有以下方面的功能：

1. 主体能力制度配套补充功能。

民法中的主体能力制度包括民事权利能力和民事行为能力。自然人的行为能力与其权利能力有所联系，但也有所区别。所谓联系，表现为行为能力是实现权利能力的基本条件，而具备权利能力是具备行为能力的前提，如无主体资格，以自己的行为独立参与民事法律关系的资格（行为能力）即成为无本之木，毫无价值和意义。而如果法律仅仅赋予主体以权利能力而主体已不具备民事行为能力，则自然人的人格同样成为空中楼阁，无从落实。在已经成年的弱势群体中，老年人较为特殊。人口老龄化过程中，不仅仅是老年人口的增长，更重要的是 80 岁以上的老年人口增长速度更快，老年人口中尤其是高龄痴呆老人、卧床老人会大量增加，由于他们的行动和认知受到很多限制，甚至有的老人已完全丧失行动和认知能力，不能独立行使主体权利，承担主体义务，其权利能力在法律上受到行为能力的限制，由权利能力向实际权利的通道被行为能力所阻隔。为解决老年人主体能力的这一矛盾和错位，补救行为能力对权利能力的限制，使老年人的权利能力从行为能力的束缚中解脱

---

① 参见赵震江主编：《法律社会学》，北京大学出版社 1998 年版，第 199～218 页。

出来，应该设立成年人保护制度对其进行保护。由此可见，成年人保护制度的调整对象包括缺乏判断能力和认知能力的老年人，通过成年人保护制度赋予保护人在民事活动中的法定代理权、追认权、否定权，辅助老年人的行为，弥补老年人能力的缺失，保证老年人权利能力和权利的实现。通过成年人保护制度补充主体能力制度，补救老年人的能力瑕疵，使其民事权利能力得到完满实现，抽象的独立民事主体资格依托监护媒介变为具体的、现实的民事主体，民事权利和利益得以真正落实归位。此乃成年人保护制度最基本的民法功能，也可称之为静态功能。①

2. 民事权益调整功能。

在市场经济条件下，民事活动无时不在，整个社会构成一个频繁复杂的民事活动网络。已经成年而欠缺意思能力及处理自己事务能力的人并非法律虚拟的民事主体，而是实实在在的、各种各样的民事活动和民事法律关系的主体。这种主体性既有其自身积极参与的主动性一面，也有身不由己地被消极牵涉的被动性一面。但由于以其意思能力、识别能力等为基础的行为能力的不足，其主体性活动及产生的权利义务不仅关系到本人，而且影响到民事活动秩序并涉及其他相关民事活动。鉴于此，为保障民事活动秩序，通过成年人保护制度特有的调整方法，如保护人对被保护人财产的保护和管理，保护人行使撤销权，社会监护机构对被保护人的监督和保护等方法，既保护被保护人的权利和利益，又激活民事活动，积极调整民事法律关系，促使每个民事活动不受主体能力的局限而都能正常运转并产生预期的法律效果。成年人保护制度的这一功能当属于其动态功能，也是其集中表现的民法私法功能。这种私法功能直接彰显了法律之利益调整功能的三种表现：利益归属的表达功能、利益配置的平衡功能和利益格局的重整功能。②

3. 社会保障功能。

---

① 参见李洪星：《试论老年监护制度的功能》，载《技术经济与管理研究》2005 年第 5 期，第 115 页。

② 参见赵震江：《法律社会学》，北京大学出版社 1998 年版，第 240 页。

在现代工业社会、福利社会以前，家庭作为一个完整的社会单位，基本上包揽了对人的一切社会保障；每个家庭虽力不从心，也只能勉为其难，家庭背负着全方位的特别厚重的社会保障功能。[①]现代社会，社会保障义务不仅关系到本人，而且影响到民事活动秩序的稳定和交易安全，对处于弱势的成年人（老年人、残疾人）的社会化、公共化、福利化保障程度还较低，国家公力救济和保障明显不足，有相当一部分的社会保障性工作必须依靠家庭和亲属来完成。成年人保护制度的立法目的，就是为有效释放家庭和亲属所负载的保障职能而给予的法律保障和制度定型，以私法保障的视角来确定成年的弱势群体能够实现其权益保护的最大化。成年人保护制度的这一效用内涵，可谓其社会保障功能，也就是它的“公法”功能和属性，直接反映了法律所应具有的公共功能，体现出法律对弱势群体关怀的精神，保护弱者的意思能力实现和私权利的行使，维护社会的稳定和有序发展。

三、成年人保护的理论分类

各国采取不同的标准进行分类，成年人保护的理论分类大致有以下几种：

(1) 依行为能力欠缺的原因不同，美国的监护制度可分为“未成年人”监护（Guardianship of a Minor）与“成年无行为能力人”监护（Guardianship of a Incapacitated Person）。前者为未达法定成年年龄的未成年人的法定监护，后者是为因心理障碍等原因造成心智能力减损或丧失的成年人所设的监护类型。我国也依监护对象的不同，分为未成年人监护和成年人监护。未成年人监护针对的是未满十八周岁的未成年人，而成年人监护是对精神病患者（包括痴呆者）设立的，对于未成年的精神病患者适用未成年人监护的相关法律规定。

(2) 依监护内容的不同，可分为财产监护（Guardianship of the

---

① 参见李霞：《监护制度比较研究》，山东大学出版社2004年版，第68页。

Estate）与人身监护（Guardianship of the Person）。财产监护指监护人仅为管理受监护人的财产事务的目的而被指定授予监护权限。人身监护则指仅为执行身体照顾、监管与控制（Care, Custody and Control）受监护人的目的而指定监护人。① 美国法院通常就财产与人身照护分别指定监护人。在分别权限的情况下，财产监护人实际权限大于人身监护人的权限，因人身照护事项多涉及费用支出，如监护人间意见分歧时，财产监护人可利用拒绝支付费用来达到阻止人身监护人决策的目的。② 财产监护责任明确，保护并投资受监护人财产，收取所得并支付费用，虽财务记录要求费时，但无人身监护所需要负担的心理压力，如被告资力充裕，银行等机构也乐意接受法院指定担任受有报酬的财产监护任务；相反，人身监护人如要作出受监护人人身自由、健康等重大具有争议性的决定，耗时费心，有意愿担任者较少。

（3）依监护人权限大小，美国法将监护分为完全监护（Plenary Guardianship , Full Guardianship）与限制监护（或称部分监护）（Limited or Partial Guardianship）。完全监护指传统观念的监护概念，受监护人一旦被法院裁定为无行为能力则“完全”失去法律上的地位，因此监护人自然被授予概括权限，包括财产上与人身上的监护权限。除少数受州法规定须经法院事先核准或法院于个案中限制的权限外，原则上监护人可为任何决定。限制（部分）监护是监护法律改革发展出的概念与制度，是由最少限制方法原则③衍生出来的。法院仅能对受监护人丧失心智能力的部分裁判为无行为能力，监护人的权限仅为填补当事人丧失的功能，受监护人功能丧失减损的范围增加时，才可增加监护人的权限。这一制度的

---

① See Frank A. Johns, *Ten Years After : Where Is the Constitutional Crisis with Procedural Safeguards and Due Process in Guardianship Adjudication?* , 7*Elder Law Journal* 33, 1999, p. 147, Fn 28, 29.

② See Lawrence A. Frolik & Richard L. Kaplan, *Elder Law in a Nutshell*, 2nd Edition, West Group, 1999, p. 245.

③ See Lawrence A. Frolik & Richard L. Kaplan, *Elder Law in a Nutshell*, 2nd Edition, West Group, 1999, charpter 9.

目的在于在保留当事人最大的自主权及独立性的同时仍能满足某些事项上得到替代决定的需要。任何扩大或改变限制监护范围的请求都应被视为对受监护人权利的剥夺或限制，法院会予以严格审查。各州监护法改革陆续将限制监护规定于法律中，但实务上成功的很少。究其原因，主要是许多州不强制采取限制性监护，在完全监护可供使用时，法院并无选择适用限制监护的余地；而州法有规定，通常法院也不受拘束，法院因逐案判断当事人所丧失的行为能力需要花费数倍的时间、注意力，因而抗拒依照立法精神执行。而且经费、人事的缺乏也是原因之一，有不少美国学者反对限制监护，认为限制监护不但增加成本，且无法赋予监护人足够权限管理受监护人的财产而降低第三人的交易意愿，其结果反而不利于受监护人。尽管如此，限制监护仍为美国监护制度修正的趋势，只有密西西比州和马萨诸塞州未采取限制性监护立法。①

（4）依监护人的性质分类，可分为：私人监护人、公设监护人与非营利机构监护人。自罗马法以来，以自然人任监护人为原则，美国各州也是这样。还有银行任财产监护人，甚至是人身监护人，而任用银行为监护人的前提是当事人的财产必须在一定规模以上才足以支付银行的报酬。公设监护人是相对于私人监护人的概念，最早出现在美国明尼苏达州，美国现共有26个州有公设监护人的立法。② 他们受雇于政府，或者接受州政府委任，以论件或计时的方式计酬。对于需要监护人却无适当人选者，由州政府指派，费用则由当事人财产支付，当事人无力负担的才由州政府支付。一般而言，公设监护人的费用较为便宜，公设监护人通常被赋予发动监护程序的权限，或被要求与提供受监护人服务的社会福利机构密切配合。无法指定监护人时，公设监护人往往

① See Lawrence A. Frolik & Melissa C. Brown, *Advising the Elderly or the Disabled Client: Legal, Health Care, Financial and Estate Planning*, 2nd Edition, Warren, Gorham&Lamont, 2000, Appendix 22-4.

② See Lawrence A. Frolik & Melissa C. Brown, *Advising the Elderly or the Disabled Client: Legal, Health Care, Financial and Estate Planning*, 2nd Edition, Warren, Gorham&Lamont, 2000, Appendix 22-2.

是法院采取的最后手段。但公设监护人因费用低廉而必须广纳案源，造成案量负荷过重，学者建议的个案量是30人，而实际个案量少则数十人，多则可达150~200人，而收费的专业监护人甚至达300~400个案量。① 由此可见，沉重的个案负担使得公设监护人仅能就受监护人医疗及居住等重要事项作出决定，难以切实满足照顾受监护人需要的目的。对于未设公设监护人法制的各州，非营利机构任监护人，但仍需以制定州法为前提。一般而言，社会福利机构可以担任机构监护人。《德国民法典》第1908f条第1款规定有权利能力的社团具备下列条件时，可以被认许为照护社团：有足够数目的合适的工作人员，将对其进行监督和培训，并对其在工作范围内可能加给他人的损害适当地加以保险；尽力按计划地争取义务照护人，引导其熟悉职责，并对其进行培训和咨询。《德国民法典》第1908f条第2、3款则指出法人照护社团的认许对各州有效，可以将认许限制于州的个别部分。该项认许是可撤回的，且可以附负担而予认许。细节由州法律来规定，州法律也可以规定其他认许要件。②

（5）依产生的根据不同，分为意定监护与法定监护。所谓意定监护，是指监护人或本人通过法律行为设立的监护。我国《民法通则》中的监护人种类只有法定监护与指定监护两类，另外在司法实践和司法解释中承认了委托监护，委托监护属于意定监护，但仅限于监护人临时将监护权转交给有关机构，而非永久性的转移监护权。《德国民法典》第1776条、《法国民法典》第397条、《日本民法典》第839条规定了指定监护人。意定监护制度，指成年人在具备完全意思能力时，预先确定自己在欠缺意思能力时的监护人，并加设公权力机关对意定监护人予以监督的制度。具体来说，是指本人在具有完全的意思能力时，依自己的意思选任监护人

① See Jan Ellen Rein, *Preserving Dignity and Self-determination of the Elderly in the Face of Competing Interests and Grim Alternatives: A Proposal for Statutory Refocus and Reform*, *George Washington Law Review*, August, 1992, p. 1882.

② 参见陈卫佐译：《德国民法典》，法律出版社2006年版，第571页。

并与之订立监护合同，在合同中将有关自己的监护事务的全部或部分委托给受托人，并授予其必要的代理权限，并以此为意定监护合同的内容。在本人因年老、精神、身体障碍或其他意思能力丧失后，意定监护合同生效，并由公权力机关（法院）选任监督人对意定监护人予以监督。此委托合同为附停止条件的合同。意定监护制度在现代两大法系主要国家以不同的形式存在，我国尚无此制度。法定监护，是指产生于法律强制性规定的监护制度。如监护设置的实质要件及形式要件、监护的种类、监护人的职务范围皆由法律规定。区分法定监护和意定监护的意义在于两者适用对象和范围不同，即法定监护具有法定性，其特征更接近公法特征，适用公法的一些原理和原则，而意定监护的私法特点更突出，主要适用私法的理念和原则。我国目前民法中的监护制度主要规定的是法定监护。

（6）按照监护人数的多寡，还将监护分为共同监护和单独监护。单独监护，又称一人监护，是指一个人充当监护人的监护。有些国家明文规定监护人只能是一个人，如《日本民法典》第842条。共同监护，又称数人监护，是指两个或两个以上的人充当监护人的监护。共同监护人一般应共同执行监护事务、承担连带监护责任。有的国家的法律许可数人共同监护，如《德国民法典》第1797条就规定了数名监护人如何执行监护事务。区分单独监护和共同监护的意义在于明确监护人的职务范围和责任范围，以便更充分地保护被监护人。

第二节　成年人保护制度的构建基础

成年人保护制度在我国的建立必须符合我国的国情、文化观念以及社会环境，有相应的法理基础、法哲学理论的诠释，才能生根发芽，最终结出具有本土化特色的硕果。

一、法理基础——自主决定权的尊重

在人格尊严之本质中，人本身即是目的，每个人都是权利的主体并享有自主决定的自由。依照人格尊严的理论，所谓自主性

(Autonomy)，是指“个人为独立自主之本体，个人之存在绝非为他人完成某种目的之工具，个人自身即是目的，具有自主存在之尊严，有权决定自身之一切事宜。”① 换言之，每个人是其本身事务最终的决定者，可以自主地决定其生活方式、未来与行为，国家对此应予尊重。在此理念之下，人性尊严遭受侵害时，国家有义务提供法院作为人民诉讼救济之途径，国家有必要创造出使得个人可以自我决定、自我发展与自我完成之大环境。在传统大陆法系定义下，“自主决定权”是“有行为能力”的人，可依照自己的价值观或喜好决定自己的事务，在不违反公序良俗及法律强行规定的限制下，不论是财产的管理、使用、处分、收益，抑或是身份上的行为，法律应当尊重当事人自己的意愿。

联合国于1991年发表《老人权利宣言》，更明示老年人自主与尊严的重要性，特别强调“维持个人自立（Independence）、增进社会参与、获得照护（Care）、促进自我实现、维持尊严（Dignity）与公平对待”的原则。这一宣言列举了老年人权益保障的相关内容：（1）应能通过收入的提供、家庭社区的支持及自我协助，以获得适当的食物、饮水、住所、衣着及医疗照顾……（5）住在安全且能适应个人偏好和变化的身体能力的环境……（11）应能获得医疗照顾以维持生理、心理和情绪安宁的最佳状况，并预防和延缓疾病的发生；（12）应能获得社会或法律服务以增进其自主性、保护和照顾……（14）无论居住何处，均能享有人性的尊严与基本自由，包括对其需求和隐私的尊重并参与关于他们的照顾和生活品质的决定……（17）应能生活得安全而有尊严，并免予被剥削和身心虐待；（18）应能获得公平对待，不论其年龄、性别、失能程度或其他状况，并应获得重视，不受到其经济贡献的影响。② 可见，联合国对于高龄者权益保障的重心在于自立尊

---

① 李震山：《人性尊严之宪法意义》，载《中国比较法学会学报》第13辑，第22~31页。

② http：//www. un. org/chinese/documents/instruments/docs_ ch. asp？year = 1990，2007年11月8日访问。

严与照顾，具体的实践方式是协助并满足其经济、医疗、居住等需要，尊重其需求及隐私权，使其参与与自身相关的决定。“尊重自主决定权”与障碍者人权保护的国际理念一致。1982 年的《关于残疾人的世界行动纲领》促进了残疾人全面参与社会生活和发展，强调了从人权观点来看待残疾人问题号召成员国通过立法，为实现各项目标提供必要的法律基础和措施：确保残疾人获得与其他公民一样的均等机会；从救济对象到权利主体，这反映了社会对残疾和残疾人态度的一种根本性变化。“尊重自主决定权”反映在成年人保护制度上包含以下两方面：其一，自我决定的实现。对于可以由本人自己决定的事项，应当尽可能地由本人自我决定。即使意思能力不足，也有可能存在自己有能力判断的事项，如日常生活中的交易行为。所以这样的事项应该尽可能地确保实现自己决定的可能性。其二，对自己决定的援助。为了实现个人自己期望的决定，应当积极地进行支援。虽然说有自己能够判断的事项，但由于存在精神、身体、智力等障碍，有可能不能实现自己期望的决定效果，妨碍了意思决定的实现。所以在此种情形下，为了能够实现自己希望的生活，实现本人自我决定的预期，需要对自我决定的内容予以援助，即援助自己决定的制度。①

二、法哲学诠释——法律家长主义理论

西方法哲学中的法律家长主义理论，又称法律干预主义，父爱主义理论。这一理论为现代两大法系成年人保护制度提供了正当性的理论基础。

1. 法律家长主义及其理论基础。

家长主义（Paternalism）又称父爱主义②，它来自拉丁语

---

① 参见［日］山本敬三：《民法讲义》，解亘译，北京大学出版社 2004 年版，第 32 页。

② 参见张文显：《二十世纪西方法哲学思潮研究》，法律出版社 1996 年版，第 549 页。在此沿袭国内对该术语翻译的习惯，仍将其翻译为法律家长主义；另见舒国滢：《权利的法哲学思考》，载《政法论坛》1995 年第 3 期，第 6 页。

pater，意思是指像父亲那样行为，或对待他人像对待孩子一样。学界在使用家长主义概念的时候，存在着诸多分化和歧义，有的将任何带有“善意”的法律行为都归结为家长主义①，有的将带有“善意”和“强制”规定的法律都归结为家长主义式的，在概括意义上使用而不加细分②，更多的是将其进行进一步的分类并予以细化。在这些再分类中，主要分为两种：软家长主义和硬家长主义。软家长主义的核心是：只有“真实”（即那些在认知上和意志上没有欠缺）的决定才值得尊重。③ 它只对受到削弱的决定，即“强制、虚假信息、兴奋或冲动、被遮蔽的判断、推理能力不成熟或欠缺”的结果进行限制和干预。④ 正如范伯格所说，软家长主义保护当事人不受“不真实反映其意志的危险的选择”的危害。⑤ 因此，软家长主义不是阻碍自治，而是在实际上保护和提升自治。⑥ 软家长主义典型的例子来自密尔，这个例子涉及一个人在不知道的情况下要过一座被毁坏、有危险的桥。密尔解释说，有人“抓住他、把他拉回来而不真正侵害到他的自由，因为这是处于他想要做的事情的过程中，而他本来的目的并不想堕入水中”。⑦ 在当事人不知道关于桥安全与否的情况下，很难说当事人是自由的或自治的，因为他并不知道他过桥这一行为的真正结果是什么。其理论依据是：人们作出的选择并不总能反映他们的愿望和偏好。信息的缺乏、不

---

① See Daniel H. Foote, *The Benevolent Paternalism of Japanese Criminal Justice*, Vol. 80, *California Law Review*, 1992, p. 317.

② See Anthony T. Kronman, *Paternalism and the Law of Contracts*, Vol. 92, *Yale Law Journal*, 1983, April, p. 763.

③ Joel Feinberg, *Moral Limits of the Criminal Law: Harm to Others*, Vol. 1, Oxford University Press, 1987, p. 10.

④ Joel Feinberg, *Legal Paternalism*, in Rolf Sartorius ed., *Paternalism*, Minnesota University Press, 1983, p. 7.

⑤ Joel Feinberg, *Moral Limits of the Criminal Law: Harm to Self*, Vol. 3, Oxford University Press, 1989, p. 99.

⑥ Hayry, *Paternalism*, *Encyclopedia of Applied Ethics*, Vol. 3, Academic Press, 1998, p. 454.

⑦ John Stuart Mill, *On Liberty*, Penguin Books, 1974, p. 166.

成熟或不自愿都能阻碍愿望的实现。① 因此，即便声称自己是自由至上主义者（Libertarianist）的人士，也同意基于软家长主义而进行的规制和干预。②

而硬家长主义的代表者 Anthony T. Kronman 认为，家长主义就是通过限制当事人的能力（Power）去做法律认为违反他自己利益的行为来保护承诺人自己。③ 德沃金关于硬家长主义的定义最有影响。在其 1971 年至 1992 年关于家长主义的定义中，他将条件限定在管理人与当事人当时的选择相反，对其行为进行限制和干预。④ Feinberg 将硬家长主义解释为国家限制"具有行为能力的成年人的行为，哪怕在当事人充分选择的时候，也要违反他们的意志，使其免于伤害的后果"。⑤ 十年后，在他的哲学百科全书"家长主义"章节中，他又将硬家长主义定义为对"充分"或"完全"自愿的自我关涉的行为进行的限制。⑥ Pope 在总结了各种硬家长主义概念的基础上，提出了确定硬家长主义的四个逻辑上的充分必要条件：第一，管理人必须主观上具有限制当事人自由的意图。第二，管理人必须限制当事人的自由，主要是因为他相信这一干预有助于提高当事人的福利。管理人必须基于善意的动机，或者增加当事人的福利，或者使其免于伤害。第三，管理的善意动机必须独立于当事人

---

① Sunstein, *Legal Interference with Private Preferences*, University of Chicago Law Review, 1986, pp. 1158-1166.

② John Hospers, *Libertarianism and Legal Paternalism*, J. Libertarian Studies, 1980 , p. 255, p. 256, p. 265. 转引自孙笑侠、郭春镇：《法律父爱主义在中国的适用》，载《中国社会科学》2006 年第 1 期，第 48 页。

③ Anthony T. Kronman, *Paternalism and the Law of Contracts*, Vol. 92, *Yale Law Journal*, April, 1983, p. 763.

④ Gerald Dworkin, *Paternalism*, in Richard Wasserstrom ed., *Morality and the Law*, Wadsworth Publishing Company Ltd, 1971, p. 112.

⑤ Joel Feinberg, *Moral Limits of the Criminal Law: Harm to Self*, Vol. 3, Oxford University Press, 1989, p. 12.

⑥ Joel Feinberg, *Paternalism*, in Donald M. Borchert ed., *The Encyclopedia of Philosophy: Supplement*, Macmillan Reference USA, 1996, p. 391.

当时的偏好。否则，管理人就是为当事人提供便利的人而非限制其自由者。第四，管理人必须不管当事人是否实质自愿地从事被限制的行为的事实，或故意地限制当事人的实质自愿行为。否则，管理人的限制就是软家长主义式的。Pope 认为 Dworkin 和 Feinberg 他们要求“违反”(Contrary）当事人的意志进行干预过于苛刻，因而只要是“不顾”或“不管”（Disregard）就行了。①

法律家长主义有以下特征：第一，法律家长主义的目的是为了相对人的福利、需要和利益，主要分为两种情形，一是阻止他自我伤害，二是增进其利益。第二，法律家长主义的措施必然是不同程度地限制相对人的自由或权利，这就是所谓的国家的“强制”。②

综合说来，作为一个限制自由或自治的保护理论和制度，法律家长主义理论和制度可以满足我国的成年人保护制度的理论需求，为其妥当性提供理论基础。第一，如果法律家长主义的强制可以使社会整体的福利增加和改善人们的生活，那么这种强制则可认定为具有善意的正当性。“父爱主义的目标在于提高人们的生活，如果他们的生活没有改善，就没有父爱主义行动的意义。”③ 基于人的有限预测能力和规划能力的前提，法律父爱主义认为人们作出的选择并不总是与他们的愿望和偏好相一致，生活中亦不乏众多判断能力不足的例子——“冲动，精神疾病，幼稚，特定的可补救的信息缺乏”。④ 所以，必须有国家的适时保护来使他们避免受到伤害。在法律家长主义看来，人与人之间有实然意义上强弱智愚的差别，

---

① Thaddeus Mason Pope, *Counting the Dragon's Teeth and Claws: The Definition of Hard Paternalism*, 20 Ga. St. U. L. Rev. Spring, 2004, p. 659. 转引自孙笑侠、郭春镇：《美国的法律家长主义理论与实践》，载《法律科学》2005 年第 6 期，第 111～112 页。

② 孙笑侠、郭春镇：《法律父爱主义在中国的适用》，载《中国社会科学》2006 年第 1 期，第 49 页。

③ T. M. Wilkinson, *Dworkin on Paternalism and Well-being*, *Oxford Journal of Legal Studies*, Vol. 16, Oxford University Press, 1996, p. 437.

④ John. D. Hodson, *The Principle of Paternalism*, *American Philosophical Quarterly*, Vol. 14, 1977, pp. 61-62.

社会由此呈现非均衡的态势，在私法中也已经开始了对弱者身份的倾斜性权利配置。当一部分社会中的特定成年人，如精神障碍、智力障碍、身体障碍、年老等原因不能处理本人的事务，不能自我保护时，需要国家不顾其形式上看似“自治”而实质上由于其弱者地位造成的“不自治”来对其在法律上进行干预。

第二，我国在构建现代成年人保护制度时，还应基于一种善意的保护目的，注重在一定范围内最大限度地尊重当事人的自主决定权，实现其权利的最优保护。尽管国家以法律的名义实施关怀，防止弱者进行不利益自身的行为，但法律应考虑受益人的能力及其所需要的帮助的多重性质，注意强制与自治必须达成一种有效的均衡状态。很多受益人对自治和保护的需要兼而有之，而且程度变化不同，不是一种利益完全排除另一种。① 因此，法律家长主义须以尊重人格尊严和平等为基础，法律手段不能过度干预、限制人们的自由和权利，人格尊严的体现是评价法律家长主义是否得以良好实施的标准，要适度把握两者之间的衡平关系，实现良性的互动与协调。

2. 美国的国家父权与英国的慈善权。

美国早期的行为能力欠缺者保护法制，是本着“国家父权”与“慈善权”的法理。所谓“国家父权”，是指将政府视为整个国家的家长和监护人，有特别的责任去照顾那些因心智不健全而无法照顾自己的人。② 由于国家是通过法律地位的剥夺来否定其个人“作决定”的能力与权利，所以应尽特别保护之责。美国学说认为，监护制度是适用国家父权理论，以“被保护者的福祉与利益”为政府指定监护人或财产管理人而剥夺人民“作决定”能力时的“唯一”目的，第三人或社会公益不在考虑之列，因而“国家父权”不同于限制个人权利以求取社会利益的“警察权”。换言之，

---

① Margret G. Farrell, *Administrative Paternalism: Social Security's Representative Program and Two Models of Justice*, *Cardozo Law Review*, November, 1992, p. 346.

② 参见［美］Abraham Monk 编：《老人福利服务》，李开敏等译，心理出版社 1996 年版，第 608 页。

美国法院一旦为了第三人或社会利益而剥夺个人的自我决定权利时，不得引用国家父权作为法律判决的基础。① 至于“慈善权”(Benevolence) 则是指，国家或亲属基于“慈善”的理由，防止行为能力有欠缺的人实施对自己造成不利结果的行为，而出于善意，代为照顾其人身或管理财产。英国的代理决定法制是以慈善为中心思想的。② 虽然大部分监护程序的发动都基于善意，然而此理论，并非无可批评之处：将保护的善意过于正当化，将会使协助者忘却法律保障个人拥有从事非理性行为的权利。换言之，个人依自己的自由意愿作成决定的自由，应被完整地保障，即使是个人作出非理性的决定或从事愚蠢的行为，也不应因协助者所谓的“善意”，而赋予其正当理由去侵犯。出于善意的侵犯所造成的伤害，较其他种类的侵权行为更难以弥补。③

第三节　成年人保护制度的理念与民法的基本原则

任何制度的改革，需要理念的先行；任何制度的实施，需要理念的保障。成年人保护制度的设立必须遵循一定的法律理念，体现出一定的法律导向与精神。理念的建立显现出制度的最高价值及终极宗旨。理念是从观念和文化的角度对事物本质作出的高度抽象与概括，是为了达到一定的法律目的而必须具备的法律理想。理念必须融入制度，因为理念必须以实际的法律制度为基点，能够引导具体制度的制定、实施与完善的理念才具有真正价值和内涵；制度也必须富涵理念，理念是法律制度的精神与灵魂，是引领法律制度前

---

① Jan Ellen Rein, *Preserving Dignity and Self-determination of the Elderly in the Face of Competing Interests and Grim Alternatives: A Proposal for Statutory Refocus and Reform*, *George Washington Law Review*, August, 1992, p. 1870.

② See Alison Patrucco Barnes, *Beyond Guardianship Reform: A Reevaluation of Autonomy and Beneficence for a System of Principled Decision-making in Long Term Care*, 41 *Emory Law Journal*, Summer, 1992, pp. 668-669.

③ 参见［美］Abraham Monk 编：《老人福利服务》，李开敏等译，心理出版社 1996 年版，第 604 页。

进的方向标。正如我国著名民法学者史尚宽先生指出，“法律之理念，为指导法律的意欲，是制定理想法律及圆满运用法律之原因”，“法律之概念，谓法律为何者，法律之理念，谓法律应如何”。① 人们凡欲主动地从事某项重大事业，必先有某种理念形成于脑中。“一株植物、一个动物和世界大厦合规则的秩序，都清晰地表明，它们只有按照理念才是可能的。”② 法律的制定和实施是件大事，预先须有某种理念，是为立法理念或法律理念。我们期待现代社会存在着或能够实现一种有秩序、有效率和公平、正义的理想境界并相信借助于法的调整和规范，可以达到或接近于这种目标。这种观念就是法的理念。所以，法的理念含有法律理想与法律信念之义，它指的是，人们对于某种法治理想的目标模式及其基本实现途径和方式的一种信仰、期待和追求。③ “民法历史悠久，在漫长的历史发展演变中形成了深厚的文化积淀和精神底蕴，培育了博大精深的民法文化，产生了人格平等、意思自治等民法基本理念。民法的这些理念既是吸纳、包容人类优秀文化成果的结晶，又是人类优秀文化的重要体现。理念属于文化、观念的范畴，来源于制度却非制度本身，而是根植于民众内心、融会于民众生活的东西。”④

无论学者们的视角与观点有什么不同，他们都显示了关于理念间分离或结合的理论，其根本目的在于寻求法治理念的最终原理。由此可见，理念之于一国法治社会构建的重要性是毋庸置疑的，它直接影响到一国现代法律制度的创设以及具体运作的优化，可以说，脱离法律理念导引的法律现代化是盲目的，不可能实现真正意

① 史尚宽：《法律之理念与经验主义法学之综合》，载刁荣华主编：《中西法律思想论集》，台湾汉林出版社 1984 年版，第 264 页。

② ［德］伊曼纽尔·康德：《纯粹理性批判》，李秋零译，中国人民大学出版社 2004 年版，第 285 页。

③ 王申：《理念、法的理念——论司法理念的普遍性》，载《法学评论》2005 年第 4 期。

④ 刘凯湘：《论民法的性质与理念》，载《法学论坛》2000 年第 1 期，第 31 页。

义上的现代化。① 德国的新康德自然主义法学家鲁道夫·施塔姆勒根据先验的推论创立了一种现代的自然法哲学，率先从法律价值意义上来研究法律理念。“他把法律观念分解为两个组成部分：法律概念和法律理念（the concept of law and the idea of law）”，提出“法律理念乃是正义的实现。正义要求所有的法律努力都应当指向这样一个目标，即实现在当时当地的条件下所可能实现的有关社会生活的最完美的和谐。”② 随后，英国法理学权威罗伊德在1964年出版《法律的理念》（*The Idea of Law*）一书，就法律与道德、正义、自由的关系作了具体的阐述。法的理念与法的价值是不同的两个概念：法的理念是主观的，法的价值具有客观性；法的价值需要人们去具体利用才能使之实现，否则它只是法的一种客观属性、可能性；法的理念则必须由人们借助某些事物的功能、价值，使之由主观信念变为客观存在，此前它只是一种法的观念，仅存在于人的头脑之中。

在不同的时代，法治理念的实践会有不同，但是这并不减损理念本身的一般性特征，法治社会的理念应该同声相应、同气相求，共同确立人类正义的理论基石。所以，法治的理念也应当是一般性和世界性的。③ 只有具备普遍意义上的法律理念才可能为广大社会公众所认可和接受，才可能成为各国立法修改所遵循的统一理念，具有时代的共同性和法治社会的现代性特征。现代成年人保护制度的理念须建立于民法的基本原则基础之上，应当衍生发展出新时代的内容，并且后者成为前者的坚实基础，两者的有机融合，成为民法发展的推动器，有助于实现公平正义的法律价值目标。

---

① 王申：《理念、法的理念——论司法理念的普遍性》，载《法学评论》2005年第4期，第13页。

② 参见［美］博登海默：《法理学：法律哲学与法律方法》，邓正来译，中国政法大学出版社1999年版，第173页。

③ 孙中华：《理念的弘扬——读〈法治理想国〉》，中国法律信息网，http：//www.law-star.com/cacnew/201101/650068350.htm，2009年1月8日访问。

一、平等原则与维持生活正常化理念的协调

平等是法律的核心价值之一，也是民法的基本原则之一。从亚里士多德和西塞罗开始，古往今来的许多法学家都对平等价值作了深入的探讨和分析，但由于平等的内涵总是随着时代的变化而不断变迁的。“平等表达了相同性概念……两个或更多的人或客体，只要在某些方面或所有方面处于同样的、相同的或相似的状态，那就可以说他们是平等的。”① 质言之，平等乃是人们相互之间的相同性或相似性。平等分为形式平等与实质平等。形式平等强调人们居于相同的法律地位，处于相同的竞争起点，得以相同地享有社会赋予个人的机会；而实质平等则强调人们通过民事活动所获得的结果应该是相同的。与个人主义方法论相适应的平等观乃是形式的平等观。民法无视各个社会个体在智力、财产、性别等方面无可改变的事实上的异殊性，无一例外地赋予其“人格”——成为民法上的“人”的资格，从而使各个个体得以毫无差别地进入市民社会从事民事活动；至于他们从事民事活动所取得的具体结果如何，民法一般并不予以置喙。对此，拉伦茨指出，“德国民法典中使用的‘人’，是形式上的人的概念。构成这一概念的必要条件只有权利能力，而不包括行为能力和过错能力……一个人的‘权利能力’，并不以他的年龄和精神发展状态为条件，也不取决于他能否亲自行使其权利、识别和履行其义务、依‘私法自治’而行为”。② 由此看来，形式平等的赋予是与“抽象人格”的设定相联系的。③ 而实质平等则是体现在对弱者的具体人格的保护上，维护处于弱势地位人的生活正常化是实现实质平等的具体要求。

“维持生活正常化”（Normalization），是1959年丹麦的一个智

---

① ［美］萨托利：《民主新论》，冯克利等译，东方出版社1993年版，第340页。

② ［德］卡尔·拉伦茨：《德国民法通论》，王晓晔等译，法律出版社2003年版，第57页。

③ 参见易军：《个人主义方法论与私法》，载《法学研究》2006年第1期，第97页。

力残疾人的父母在社会活动中提出的理念。该理念认为：不应该将身心障碍人看做特别的群体，在与世隔绝的社会里生活，而应该将他们放在一般的社会中，与普通人一起生活、活动。即身心障碍人也是社会的一个成员，整个社会环境或条件应让身心障碍人全方位地参加社会活动，他们作为人可以过普通（Normal）的生活、参加常人的活动，这样的社会才是正常的社会。在今日，“维持生活正常化”的理念不仅是对身心障碍人而言的，同时对老年人也是适用的，这一理念可以说已成为国际社会通行的概念。成年人保护制度的目的就是使他们能够“假监护人之手，依本人意思融入正常（完全行为能力）人的社会”。① 新的成年人保护制度以维持本人生活“正常化”的理念成为各国设计这一新制度的共识。不管采用何种类型的监护措施，都不应当剥夺被保护人为日常生活必需行为的行为能力以及单纯获益行为的行为能力。为日常生活必需行为是人在社会上正常生活的必要前提，一旦剥夺，都必将损害其正常的社会生活。这也是近代各国成年人监护制度（传统制度）中的一个显著不足，现代各国成年人保护制度对此都有类似规定。

任何法律制度的建立都有其自身的法律价值，而价值的定位决定了其在社会生活中的作用。自由、正义、秩序是法的三大基本价值，有着各自特定的含义和要求：自由代表了人的最本质的人性需要，正义是自由价值的外化，秩序表现为实现自由、正义的社会状态，必须接受自由、正义标准的约束。其中正义作为一种社会观念和社会准则，一直引导着法律的发展，包括形式正义和实质正义的双重含义。民法作为私法领域的宪章，弱者保护的要求也必须强调因人的差异性形成的具体人格在法律上需要特殊保护从而达到实质平等，使法律价值由工具性转变到目的性，并相互协调。②

法律追求的公平、正义必须在社会公众中取得一致的认同，才

① 参见［日］宇田川幸则：《浅论日本关于成年人监护制度的修改》，载渠涛主编：《中日民商法研究》（第一卷），法律出版社2003年版，第385页。

② 参见洪艳蓉：《现代民法中的弱者保护》，载《河南省政法管理干部学院学报》2000年第4期，第50页。

能体现法律的最高权威性。实现社会公正的利益博弈均衡，必须坚持两大正义原则：一是平等原则，即每个人、每个群体都应享有平等的权利，无论强势还是弱势群体，都必须能够合法而充分地反映自己的利益诉求；二是弱者保护原则，即如果利益博弈的结果不得不产生某种不平等的话，这种弱势群体的利益应该得到最大程度的保护。那么政府在运用公共权力进行公共资源配置时以及制定政策时，应当也必须更向那些先天或后天处于弱势的群体倾斜，让他们的工作、生活正常化，在得到法律制度、国家政策保护的同时，也能最大限度地调动自身的主观意识，从而能够决定与自身相关的重大事项，最终也能融入到和谐的社会氛围中，实现自我的价值。"在这种安定公平的社会环境下，各社会群体间进行利益博弈结果中体现出的公平，才会得到社会各群体的普遍认同。""进入利益博弈时代的当务之急，需要设立体现社会正义性的制度安排，特别是建立和完善一种对广大弱势群体的利益博弈进行有效保护的机制，维持他们的社会生活的正常化，从而保障包括弱者在内的利益博弈，能够健康有序地进行，并以此来促进全社会各群体利益的真正协调发展。"①

二、弱者保护原则与活用尚余能力理念的融合

所谓弱者保护原则，即承认社会上、经济上弱者的存在，抑制强者，保护弱者，维护社会和平。② 日本东京大学法学部教授星野英一在《私法中的人——以民法财产法为中心》一文中通过对照近代民法与现代民法对人的不同理解和处理，总结性地指出，"民法中的人始于作为可以归属一切权利义务意义上的平等的抽象的法律人格而得到承认，从而处于各种社会实态中的人作为其本身得到了广泛的保护。于其背后，发生了把人作为理性的、有意识的、强

① 赵芳：《弱者权益：利益博弈时代必须要关注和解决的问题》，载《理论前沿》2006年第3期，第36、37页。

② 邓小荣：《契约、身份与近现代民法的演变》，载《民商法论丛》第15卷，法律出版社2000年版，第736页。

而智的存在的把握方法向以弱的存在为中心去把握的方向的转换。这样，作为属于人的权利，人格权得到强调，不是一切人均平等地对待，而是向保护弱者的方向大大前进了。"① 美国的罗纳德·波斯顿教授也指出，"现在存在着保险关系、雇佣关系、零售消费关系、商业供销关系、特许经营权转让关系、矿业开发关系等诸如此类的关系，通过判例和成文法规，这些关系均在发展着自身的身份法则，并且在这些关系中，注重的不是当事人意愿而是公平观念和习惯做法。古典合同法所依赖的普遍原理在这些领域的大多数方面已不起作用"。② 由此可以看出，这种身份法则的核心思想就是弱者保护。哈耶克认为，个人的自由没有必要扩及由个人组成的团体，而且政府有时甚至有责任保护个人来对付有组织的团体。③

到目前为止，尚没有一个国家在民法典中明确规定弱者保护原则，但这并不意味着它就不能具有民法基本原则的地位。正如德国民法典并没有写明契约自由原则，但这并不影响契约自由在德国民法典的核心地位一样。这不仅可以从前述的弱者保护在民法的各个领域不断推进来认识，而且在20世纪的民法典中亦出现了一般性的规定。因此，有必要确立民法中的弱者保护原则，其目的是为了更加平等地保护现实社会中存在的弱者的利益，而保护弱者的具体的人格的现实要求使得成年人保护制度的确立显得尤为重要。

虽然，资产阶级革命后确立的抽象人格平等保护，使民法制度"由身份走向契约"，人们要求人格尊严，呼吁法律的平等保护。但生产力的迅猛发展和社会经济的复杂化，使得人之间的平等性这一民法抽象人格的基础发生了动摇，④ 受到同等保护的法律关系主

① ［日］星野英一：《私法中的人——以民法财产法为中心》，王闯译，载《民商法论丛》第8卷，法律出版社1997年版，第191页。

② ［美］罗纳德·波斯顿：《美国合同法的当前发展趋势》，张礼洪译，载《外国法译评》1995年第1期，第73页。

③ ［美］哈耶克：《个人主义与经济秩序》，北京经济学院出版社1989年版，第107页。

④ 梁慧星：《从近代民法到现代民法》，载《民法学说与判例研究（二）》，国家行政学院出版社1999年版，第9页。

体在事实上并不具有相抗衡的力量，往往是强者一方凭垄断、财力、信息等方面优势通过合法形式获取不合理的“正当”利益。社会物质生活条件的变化促使法律必须作出相应的调整，在强调抽象人格平等时也应当对弱者进行保护。为回应刑法“它把社会压力理解为认识的来源和自我矫正的机会”①，弱者保护在民事立法中的出现正体现了民法是建立在现实生活基础上的。于是，社会现实的不断变化需要适当的调整法律制度的价值与理念，针对处于弱势地位的具体个人的人格予以保护，当那些弱势群体仍然还有一部分意志能力时，应当允许其充分活用，才能实现人与人之间的实质性的平等，体现弱者利益保护的需求。

根据联合国经社理事会人权委员会防止歧视和保护少数分委员会提出的《保护精神病患者和改善精神卫生保健的原则和保证》的报告，如果没有精神病人的同意，但病人又确需治疗的情况下，只有权威机关依据法律，在取得专家证据和有关治疗的辩论的全部文件，判明病人不能理解所患疾病和治疗的性质，得出治疗符合病人的最大利益、治疗方案是可行的结论之后，可以决定对病人实施非自愿的治疗。并且不应对病人进行身体约束或非自愿隔离，除非是根据负责的精神卫生专业人员的意见，而这种约束和隔离仅仅意味着有助于立即阻止病人对自己或者对他人的伤害，时限不应超过为了达到这一目的所必需的时间。②

我国民法将成年的精神病人（包括痴呆者）分为无民事行为能力人、限制民事行为能力人两种，以审查宣告的方式剥夺、限制其行为能力，但这一制度并不能完全达到维护那一部分处于弱势地位的成年人利益的初衷。从精神医学的角度说，完全丧失决定能力、意思能力的人非常少，即使是精神病人还是具有一定程度的认

---

①［美］诺内特·塞尔尼兹：《转变中的法律与社会》，张志铭译，中国政法大学出版社1994年版，第86页。

② 联合国大会第46/119决议，http://daccess-dds-ny.org/doc/RESOLUTION/GEN/NR0/579/85/IMG/NR05798.PDf? OpenElement，2007年11月8日访问。

知能力的，不能完全剥夺其自由参与与其自身生活密切相关的民事活动的机会，如购买生活用品（食品、衣物等）、乘坐交通工具等日常生活行为，否则就从根本上否定了这类精神病人作为一个"人"的基本权利。在现实生活中，大家一般也都承认这类人独立进行日常生活事务的合法有效性，不会主张其无效。① 正如德国学者所言，"完全丧失行为能力也超过了目的所需的程度，因为被宣告为禁治产的人通常完全能够自行从事一些日常生活行为或者法律上并非不利的行为。"② 自主参与正是私法自治理念的核心，为了实现权利的实质平等，恰恰需要创造条件，使他们得以参与民事活动。③ 因此，我国成年人保护制度应当充分利用和尊重欠缺行为能力人的尚余的认知能力、意思能力，允许其对自身生活密切相关的事项进行"自治"，为其合法利益的保护提供法律上的保障，践行弱者权益保护原则。

三、私法自治理念

私法自治，是指个人依据其自主的意思处理法律事务、形成法律关系。德国法中的私法自治（Prinzip der Privatautonomie），在法国法中被称为"意思自治"，在日本法中被称为"私的自治"或"法律行为的自由"。我国学者借用日语"私的自治"的概念，将其表述为"私法自治"。④

私法以个人自由决定为特征，强调自主决定。有学者指出："私法自治是在私法领域，每个人得依其自我意志处分其有关私法

---

① 张鹏：《成年人监护制度研究》，载《国际法与比较法论丛》，中国方正出版社 2005 年版，第 133 页。

② ［德］迪特尔·梅迪库斯：《德国民法总论》，邵建东译，法律出版社 2000 年版，第 411 页。

③ 张俊浩：《民法学原理》，中国政法大学出版社 1991 年版，第 119 ~ 120 页。

④ 也有学者提出"'意思自治'、'私的自治'和'自律'是近代民法的基本理念，今天我们也称之为'自己决定权'"。参见易继明：《私法精神与制度选择》，中国政法大学出版社 2003 年版，第 108 页。

事务。”① 曾世雄先生从整个社会资源的角度，认为私法自治为对于生活资源得失变更的个人安排。② 其实质都认为个人自主意志对于私权利的支配具有法律效力。由此可见私法自治应指个人依其意思，自由形成其私法上的权利义务关系，私法上可允许当事人的意思而优先于法律的适用，只要是不违反法律的禁止性和强制性规定即可。民法上采此原则，认定当事人得自主决定创造相互间的私法关系。基于对于个人自由权利的保障，应遵循有疑义时为自由，以私法为优先，主要理由是个人是自己事务的最佳判断者与照顾者，选择的自由有助于促进社会进步及经济发展。国家必须保障私法制度能有发挥其功能的条件，排除契约自由的滥用，国家为更高的价值或公益而强制或干预时应有正当理由。③

私法自治形成的核心是理性人的出现，那么近代民法上理性人的内涵究竟应包括什么呢？首先，“人”是完全自知的。作为私法上的人，能够行使其私法上的权利是因为这种人有理性，有充分的认知能力，能够对自己的行为充分认识，能够对利弊进行权衡，能够选择对自己最有利的方式处分自己的私权利。康德就曾说过：人是一种理性的动物，有选择自己行为的能力。这种人是可以自治的、有自觉意识的，是抽象的带有类（群体）特征的，是超越个体的人也是模仿商人形象建立的人，即完全的追求利益的精于计算的人。这种人是可以认识自己的一切利益的。④ 其次，“人”是完全自由的。“人”不仅在身体上自由，而且在精神上也是可以完全自由的，即可以实现完全的意思自治。易言之，人不应受其不曾同意接受的私法上的义务，另一方面可以自主创设其私法上的权利。康德就认为，人只有一种天赋的权利，即与生俱来的自由，自由是独立于别人的强制意志，而且根据普遍的法则，它能与所有人的自由并

① 李锡鹤：《论民法本位》，载《华东政法学院学报》2002 年第 2 期。

② 参见曾世雄：《民法总则之现在与未来》，中国政法大学出版社 2001 年版，第 17 页。

③ 参见王泽鉴：《民法概要》，中国政法大学出版社 2003 年版，第 4 页。

④ 参见［德］康德：《法的形而上学原理》，沈叔平译，商务印书馆 1991 年版，第 36、50 页。

存，它是每个人由于他的人性而具有的独一无二的、原生的、与生俱来的权利。人只服从于他给自已规定的法律——或者是给他单独规定的或者是给他与别人共同规定的法律。① 最后，“人”是平等的。在私法自治中，作为主体的人处于一种平等的地位。这种平等是天赋的，是生而平等的。法国的人权宣言宣称：人们生来并且始终是自由的，在权利上是平等的。“它涉及对一切形式的幸福的平等主张……所有人都被视为拥有平等对待的权利。”② 这种平等，同时又是种高度抽象与理性化的平等，是高度的形式平等，是假定的平等。这样，私法自治以观念性的理性的“人”为核心，使人成为法律关系的主要形成者③，从而建立了权利基础与权利体系，而且通过对于自由的保障实现对权利的保护，最终实现形式上的正义、公平、平等的价值取向。它不仅包括了传统民法中的最重要的平等、权利观念，而且完全隐含了民法的正义、自由、竞争等基本理念，民法的其他理念莫不是对于私法自治的展开与具体化。④

私法自治是民法最基本的理念，其出发点为个人自由，其所强调者，系意思自主，即法律赋予最大可能的自由，任由当事人自行创造规定彼此权利义务关系的规范。从而，私法自治的精神在于“个人自主”，个人既能自主决定，就其行为应“自我负责”，相对人的信赖及交易安全亦须兼筹并顾。⑤ 传统民法上承认表意人表示出来的意思价值，从合理的立场说，应当基于表意人是理智地形成意思的情形，只有这样才能称得上是真正的自治。在民法中，理智

① 参见［德］康德：《法的形而上学原理》，沈叔平译，商务印书馆 1991 年版，第 26 页。

② 转引自［爱尔兰］J. M. 凯利：《西方法律思想简史》，王笑红译，法律出版社 2002 年版，第 305 页。

③ 参见苏永钦：《走入新世纪的私法自治》，中国政法大学出版社 2002 年版，第 3 页。

④ 参见徐涤宇、潘泊：《私法自治的变迁与民法中“人”的深化》，载《华东政法学院学报》2004 年第 6 期，第 25～26 页。

⑤ 参见王泽鉴：《民法总则》，中国政法大学出版社 2001 年版，第 246 页。

地形成意思的能力，即被称为自然人的行为能力。① 由此，自然人具备了行为能力，即可通过自己的意思表示，而不仅仅是通过代理人的意思表示构建其权利义务关系。自然人行为能力的取得，也就成为私法自治原则实现不可或缺的条件之一，法律赋予自然人以行为能力，是尊重了自然人选择理性自治生活的自由，是对自然人个人利益最大限度的维护。②

自治是私法的精髓与灵魂，拉伦茨在其《德国民法通论》中指出："私法是整个法律制度中的一个组成部分，它以个人与个人之间的平等和自决（私法自治）为基础，规定个人与个人之间的关系。"③ 私法自治是一公理性命题，其含义是指当事人依照自己的理性判断去设计自己的生活，管理自己的事务。④ 私法自治，首先体现了对人的尊重，它预设的一个基本前提是每个人都是理性的，因而有能力判断、决策及处理自己的事务。不仅如此，民法中的人是理性人，他被剥离了人的具体特征。⑤ 其次，它体现的是对私人个性的张扬，因而从根本上排斥他律，将有关自己的私法生活完全交由自己决定，自主决策就成为私法自治的重要内容之一。从这个意义上说，自由成为自治的同义词。梅迪库斯指出，民法通过"私法自治给个人提供一种受法律保护的自由，使个人获得自主决定的可能性。这是私法自治的优越性所在"。⑥ 私法自治给每个人最大的自由，因而使其充分发挥自己的能量，给人提供展示自己的

① 参见［德］迪特尔·梅迪库斯：《德国民法总论》，邵建东译，法律出版社2000年版，第409页。

② 参见高晓春：《论自然人的行为能力》，载《甘肃社会科学》2004年第1期，第116页。

③ ［德］卡尔·拉伦茨：《德国民法通论》，王晓晔等译，法律出版社2003年版，第3页。

④ 参见张俊浩主编：《民法学原理》（上册），中国政法大学出版社2000年版，第30页。

⑤ 参见林诚二：《民法理论与问题研究》，中国政法大学出版社2000年版，第125页。

⑥ ［德］迪特尔·梅迪库斯：《德国民法总论》，邵建东译，法律出版社2000年版，第143页。

广阔舞台。自由的主要目的在于，向个人提供机会和动因，以使个人所具有的知识得到最大限度的使用。人们在追求自身利益的同时，能够实现社会整体利益的增加。斯密认为，在每个人关心自己利益的同时，社会利益得以增进，在每个人保护自己利益的同时，社会利益得以维护。① 反复的博弈结果会导致人们反思，认识到只有尊重他人利益，自己的利益才能实现，由此逐渐形成良好的社会秩序。秩序并非一种从外部强加给社会的压力，而是一种从内部建立起来的平衡。私法自治的基本思想是当事人任何权利义务的变动，都必须基于其意思自决而实现，非经其同意，任何变动都是无效的，且当事人必须对自己的行为负责。

“私法自治的意义在于法律给个人提供一种法律上的权力手段，并以此实现个人的意思。这即是说私法自治给个人提供一种受法律保护的自由，使个人获得自主决定（Selbstbestimmung）的可能性。”② 在宪法上由对人格尊严的尊重而确立的自我决定权的内容，在民法上表现为私法自治、意思自治原则。“人既然是有理性的，他便有能力去独立地创设一种有利于自己的权利义务关系。承认意思自治，就等于承认了人的理性能力。因此，那些尚无理性的人就被排除在意思自治的大门之外，并用代理或者监护制度去弥补这种不足。”③ 允许当事人在私法中的充分意思自治的前提是当事人的理性预设，只有被认为是理性的人才有资格实现自治，才能根据自己的意思决定权利义务关系。但是在成年人保护制度中，由于欠缺行为能力的成年人或多或少地欠缺了意思能力、缺乏了“理性人”的这种前提存在，需要设立保护人来维持其进行法律行为所必需的理性，借助保护人的行为来帮助其实现私法自治，这是私法自治理念的更为深层次的含义。

---

① ［英］亚当·斯密：《国民财富的性质和原因的研究》（下册），郭大力、王亚南译，商务印书馆1979年版，第361页。

② ［德］迪特尔·梅迪库斯：《德国民法总论》，邵建东译，法律出版社2000年版，第143页。

③ 李永军：《民法上的人及其理性基础》，载《法学研究》2005年第5期，第19页。

受传统家长制度的影响，并且因为过去有的国家民法上设置禁治产和准禁治产的目的本身就在于限制被监护人直接参与民事生活以维护交易秩序的安全，所以传统的监护制度通常过分强调监护的职能和监护人的职权，采取全面接管式的监护方式。被监护人的意志一般不在法律考虑的范围以内，监护人实际上是为避免被监护人犯错而阻止其行为的约束者、管理者。近年来，民事生活中弱者的权利和意志受到越来越广泛的关注。反思接管式监护在实施监护过程中忽视被监护人的意志，简单化处理其需求，各国立法开始逐渐修改其监护法，将接管变为监督和照顾，由监护人的他治转变为注重被监护人的自治。应当特别提出，成年人保护制度需要给被保护人的意思自治预留一定空间，根据被保护人的行为能力的欠缺程度不同而赋予其不同程度的“自治权”，体现新型成年人保护制度的现代价值诉求。

第二章

成年人保护制度的历史考察与比较

对于成年人保护制度的研究，要追根溯源看看它最初的产生形态，并在对两大法系的历史考察与比较的基础上，洞悉其发展趋势，方能建立有益于我国的成年人保护制度。

第一节　罗马法上的监护和保佐制度的发轫

一、监护和保佐的实质及其历史起源

古罗马时，设置监护和保佐的目的是为了保护家族的财产利益。随着私有制的发展，家族财产逐步由家族共有过渡为个人私有，财产所有人可以全权处置自己的财产。从家族的利益来说，如果个人不会或不善于管理财产，就会影响法定继承人的利益。于是在旧的家族共有制向新的个人所有制过渡时期，古罗马产生了折中的监护和保佐制度，以免使家族的财产遭受浪费或被他人侵占。①

① 参见周枏：《罗马法原论》，商务印书馆 1994 年版，第 261 页。

最初，罗马法认为监护和保佐是两种有关财产行为的、对人的权利。接受监护的人叫做“受监护人”。受监护人的取得能力并不被监护和保佐所吸收，就像根据纯粹的罗马法原则并不被“父权”所吸收一样。受监护人是“自权人”。对监护人和保佐人权力的确定应当真正有助于受监护或受保佐人的利益，而不是为了担任监护或保佐职务人的利益，就像“监护”和“保佐”这两个动词所表示的意思那样。① 但对监护制度来说，在古典法中仍发现了大量同其保护性实质功能不相协调的成分，尤其表现在对妇女的永久监护制度上：古罗马人认为女子在家内忙于家务，对缔约法律关系缺乏认知，女子“心灵轻浮”，易于被人说服，作出不当决定；另外，罗马法中要式行为特别繁琐，不容易把握，需要设监护人协助女子管理财产，这也是以保护宗亲财产为出发点。② 在现代成年人保护制度中已废除了对妇女的监护。罗马法上在表示对妇女的监护时，人们发现法学家们仍使用的是“权力”（manus 或 potestas）这一称谓。随着时间的向前回溯，监护同继承保持着密切的联系。由于罗马法的继承最初只是为家庭的最高支配权指定一位接班人，其结果显然是：后来被称为监护人的人在最初时期曾是受命统治罗马家庭的新首领，并且他一般由去世的“家父”通过遗嘱加以指定。“家族”的解体同时标志着监护和财产继承的开端。③

至于保佐这一制度在《十二表法》中就有记载，针对的是患有精神病的男性适婚人。该法将财产管理托付给其宗亲属，在无宗亲属的情况下托付给其族人。对作为“家父”的“无遗嘱继承人”的浪费人（即挥霍父亲和祖先财产的人）实行保佐也同《十二表法》有关，这类人被禁治产，这种保佐也由宗亲负责。后来，裁判官获准任命保佐人，在古罗马，由“城市行政长官”任命，在

---

① 参见龙卫球：《民法总论》，中国法制出版社 2002 年版，第 248 页。

② 参见陶乾：《监护、保佐制度的历史演变与价值分析》，http://www.ccelaws.com/xueshengxueshu/minshifa/2009-01-01/7129.html，2009 年 11 月 2 日访问。

③ 参见［意］彼德罗·彭梵得：《罗马法教科书》，黄风译，中国政法大学出版社 2005 年版，第 128 页。

行省则由总督任命；同样，当浪费人已经根据遗嘱成为了父亲的继承人时，他通常被禁治产并接受官选保佐。在查士丁尼法典中，对精神病人和浪费人的保佐实质上具有同监护相同的作用，先是遗嘱保佐，再就是法定保佐（然而这两者均应由执法官确认，因而形式上是官选的）和官选保佐。①

执行监护和保佐职务的人，就是家族中已达适婚年龄的男性法定继承人。由于当时罗马社会认为女子识浅，宜永久处于监护之下，所以女子不能担任监护和保佐职务。由于最初监护和保佐是为了保护家族的利益，因而它们与家长权一样，是属于权力的范畴，是片面的。到了共和国末叶，罗马的经济有了很大的发展，家族制度崩溃，财产共有的观念早已消失，家长以遗嘱为子女指定监护人和保佐人时，已不以家族的利益为重，而以子女的利益为前提。这样，监护和保佐制度便由保护家族利益和法定继承人的利益而变为保护被监护人和被保佐人的利益了。同时，由于受希腊哲学的影响，认为法律应当保护弱者，特别要保护妇女和儿童的利益，因而监护和保佐成了一种社会公益性质的职务。监护人和保佐人无正当理由也不能随意辞职，女子不能担任此职的原则这时也有了例外。

二、监护和保佐的对象

监护和保佐均是对自权人而设立的。他权人处于家长权或夫权之下，受其保护，而且在古时，他权人没有财产，所以没有设置监护和保佐的必要。不处于家长权之下的未适婚人和自权妇女，则需要为其设监护人。监护是一种经常性的职务。按照《十二表法》，保佐是对精神病人和浪费人设置的。随着《普雷托里亚法》(公元前 191 年）出现了对未成年人——不满 25 岁的适婚人的保佐②，以后大法官和敕令又将保佐的对象扩展到精神衰弱人、聋哑人以及老弱不能处理自己事务的人。由于精神病人只是在发病时须设保

① 参见［意］彼德罗·彭梵得：《罗马法教科书》，黄风译，中国政法大学出版社 2005 年版，第 137 页。

② 参见［意］彼德罗·彭梵得：《罗马法教科书》，黄风译，中国政法大学出版社 2005 年版，第 137 页。

佐，浪费人在改正其不良习惯后就不再设保佐，而未成年人的保佐则可设可不设，保佐期间长短不一，所以保佐一般是临时性的职务。① 由此可以看出，现代成年人保护制度最初的雏形是妇女监护和对精神病人、聋哑人、浪费人和老弱不能处理自己事务人的保佐。

"人们甚至不能说保佐是一种单一的制度，它实际上更像是多种制度的复合体，这种制度均以经管归某一被剥夺了自管权的主体所拥有的财产或者只是帮他经管财产为共同特点。"② 这一明显的财产性特点使保佐与监护形成对照，监护的特有之处在于补充受监护人的能力，不是财产管理。保佐的这一特点是针对一句著名但又模糊的格言的解释："监护针对的是人，保佐针对的是物（tutor datur personae，curator rei）。"③ 但是，法律的演进逐渐使监护和保佐相似并混同。

第二节　大陆法系的成年人保护制度——禁治产宣告制度的废除

一、德国的成年人照护制度

德国在 1990 年 6 月 1 日制定成年照护（Betreuung）④ 法，并于 1992 年 1 月 1 日施行。该法修正前有关成年监护制度是以禁治产宣告剥夺行为能力后，设置监护人制度，同时对障碍者"辅佐"。

德国新成年照护法以尊重障碍者的基本人权为出发点，废止以

---

① 参见周枏：《罗马法原论》，商务印书馆 1994 年版，第 262 页。

② ［意］彼德罗·彭梵得：《罗马法教科书》，黄风译，中国政法大学出版社 2005 年版，第 129 页。

③ ［意］彼德罗·彭梵得：《罗马法教科书》，黄风译，中国政法大学出版社 2005 年版，第 129 页。

④ 德语 Betreuung 一字，有"照顾"、"照护"或"保护"的意思，本书取"照护"之意。

禁治产宣告剥夺行为能力者为前提的成年照护与障碍者辅佐的二元构造，建立了全新的一元化照护制度，重视障碍者残存的能力，按个别的状况予以弹性保护。设立照护，须遵从以下几个原则：

1. 基本原则——必要性原则、补充性原则①、防老授权限制原则。

第一，所谓“必要性原则”是指是否需要照护，应选何人、多少人为照护人，照护事务范围如何，照护期间、照护场合、照护方式等问题，均应以谋求被照护人的最佳利益、最少损害为衡量标准。这一原则的目的在于尊重并保护被照护人的利益，类似于宪法上的比例原则。“比例原则”广义上说即行政行为的手段与目的必须合乎比例。两者之间的关系必须具有客观的对称性，在实现法定目的的前提下，国家活动对公民的侵害应减少到最低限度。② 此原则包含了三个子原则：

（1）妥当性原则，指一个法律（或公权力措施）的手段可达到目的的要求。这个原则既然是一种目的导向的要求，依德国联邦宪法法院的见解，即使只有部分能达成目的，也算是符合这个原则的要求。所以，完全以符合目的性要求与否，可以决定该法律使用之手段有无违宪。

（2）必要性原则，是指在前述“妥当性”原则已获肯定之后，在所有能够达成立法目的的各种方式中，必须选择对人的权利最小侵害的方式。也就是说，在以不违反或减弱该法律所追求之目的的前提下，立法者应该选择对人的权利侵犯最轻的方法。本原则因此可称为最小侵害原则、最温和之手段原则、不可替代原则、禁止过度侵害原则。本原则适用的前提，是在于有一目的与数手段同时存在的情况才能产生，否则，只有唯一的手段方可达成目的时，必要性原则即无法适用。所以，考虑的焦点便集中在各个手段间的取舍

---

① 参见李沃实：《德国成年照护法之解析》，载台湾《警大法学论集》1999年第4期，第408页。

② 参见［德］哈特穆特·毛雷尔：《行政法学总论》，高家伟译，法律出版社2000年版，第106～107页。

之上。依本原则，手段与目的间存在一个相对关系，并且，和妥当性原则一样，都是以客观的角度来考虑及评估。

(3) 均衡原则，该原则是指所采取的手段带来的“弊”，不得超过其所带来的“利”。即手段不得与目的不成比例。可见狭义的比例原则是一种“利益衡量”的方式，衡量“目的”与“权利损失”两者有无成比例，它是比例原则的精髓。质言之，本原则所强调的方法，是一种利益衡量方式，衡量目的与权利损失两者有无成比例。

第二，所谓“补充性原则”是指照护法要求法院、照护人等相关人必须尊重被照护人的意愿。被照护人如有亲朋好友等人的“事实上的援助”或自己选任任意照护人，其功效也与法定照护人相同，即应尊重被照护人的决定，不得强行为其选任法定照护人，这是保证自我决定权的实现。这一原则特别强调利用原来援助的重要性，如家属、熟人、邻人、团体，特别是社会福利团体等的援助。因此即使制定新成年照护制度，上述领域仍不可侵犯。此原则于照护人人数不足时将发挥作用，同时可减轻监护法院的负担。该原则在于强调意定代理的重要性，是自我决定权的实现。①

第三，所谓“防老授权限制原则”指老年人或病患者在其有行为能力时，用法律行为对配偶、子女或其他可信赖的人进行授权，在自己丧失行为能力之际，由受托人代理各类民事活动。通过当事人事先的、自行的防老授权安排，即可排除其丧失意思能力时需要设立照护人的必要，因此在实务上被广泛运用。②

2. 新的照护制度。

新照护法对旧制度的改革主要体现在以下三个方面：一是废除以往的禁治产宣告制度，对“监护”的基本概念及用语予以变更；二是设立被照护者的保护支援团体；三是程序法上的相关修订。

---

① 参见李沃实：《德国成年照护法之解析》，载台湾《警大法学论集》1999 年第 4 期，第 408 页。

② 参见张鹏：《成年人监护制度研究》，载《国际法与比较法论丛》，中国方正出版社 2005 年版，第 148 页。

（1）废止以往的剥夺行为能力宣告制度，而以“照护”的观念来代替。与以往的监护不同，新照护法规定，被照护者的行为能力不因照护者的选定而当然丧失或受到限制，在极特殊的例外情形下，才承认由法院决定的赋予照护者的同意权，在此例外情形下，对于被照护者特定的意思表示，必须经照护者同意，否则无效。其重点在于对被照护者人身的监护，而不是如以往的重点在于对财产的监护。基本的思想在于监护的“补充性”或“必要性”，因此照护仍应尊重本人（被照护人）的意愿，仅限于对本人照护的必要，照护人只在此必要的范围内有此权限。新的照护制度，其保护对象不局限于精神障碍者，身体障碍者也包括在内，在必要的范围内为其选任“照护人”，即适用必要性原则。但当障碍者本人、家属、友人或基于本人的委托（意定代理）就足以保护被照护人时，照护的必要性则被否定，即适用补充性原则。

监护法院在特殊情形下可以作出“同意保留”（Einwilligungs-vorbehalt）的命令。属于同意保留范围内的事项，被照护人在作出意思表示时，须得到照护人的同意，即监护法院对于属于监护人职务范围内的事项，认为为避免被照护人的身体或财产上的重大危险所必要时，可在必要的范围内作出“同意保留”的命令或决定，此范围并非宽泛，在适用上是十分严格的。被照护人对这些范围内的事项作出意思表示时，准用民法关于限制行为能力的规定。但婚姻缔结和设立遗嘱的行为不能在“同意保留”的范围之内。另外，在同意保留范围内的事项，如果属于纯获法律上利益的行为或日常生活上轻微事务的意思表示，则无须经照护人同意。①

（2）照护人不限于一人，可以选任多个照护人。监护法院也可选任照护社团或官署为照护人，但原则上还是以自然人来担任。同时鼓励社会为此设立一些慈善性的机构。另外，关于照护人的人选方面，主要是基于彼此的信赖关系而选任的。“成年人因心理疾患或身体上、精神上或心灵上的残疾而完全或部分不能处理其事务

---

① 《德国民法典》第1903条。参见陈卫佐译：《德国民法典》，法律出版社2006年版，第567页。

的，监护法院根据该成年人的申请或依职权为其选任照护人。申请也可以由无行为能力人提出。成年人因身体上的残疾而不能处理其事务的，仅得根据该成年人的申请为其选任照护人，但该成年人不能表明其意思的除外。”①

（3）在程序上，对照护人的选任应直接听取本人的意见，即在可能的范围内，尽量尊重被照护人的意思，这是“照护”制度的特征之一。例如，在选任照护人时，应尊重被照护人的愿望。②在照护开始后，照护人只要不违背被照护人的利益，照护人有配合被照护人愿望的义务。③ 照护人的任期为5年，每隔5年应重新选任。监护法院应于5年时自动考虑是否有继续照护的必要。本人不论是否具有行为能力，必要时须为本人设置程序上的辅佐人。德国就此修改了民事诉讼法及非诉事件程序法的相关部分，以统一的非诉事件程序法来替代。④

二、法国的成年人司法特殊保护制度

（一）修法的社会背景

在1804年制定的《法国民法典》第一编第十一章中，对成年人中精神障碍者或者生活态度浪费的人，确立了禁治产和准禁治产宣告制度，规定对因精神疾病而被宣告为禁治产人的自然人，视同未成年人，任命监护人和监护监督人各一人，由监护人全面照顾其身体和管理其财产；对因浪费被宣告为准禁治产人的自然人，由法院任命辅助人以协助其进行诉讼、和解、借款、受领动产原本并交付受领凭证、让与以及就其财产订定抵押权的行为。这些规定在当

---

① 《德国民法典》第1896条。参见陈卫佐译：《德国民法典》，法律出版社2006年版，第563页。

② 《德国民法典》第1897条第4、5款。参见陈卫佐译：《德国民法典》，法律出版社2006年版，第564页。

③ 《德国民法典》第1901条第2款。参见陈卫佐译：《德国民法典》，法律出版社2006年版，第566页。

④ 参见刘得宽：《成年监护法之检讨与改革》，载《政大法学评论》1999年第62期，第233页。

时对行为能力欠缺者的保护是起了积极作用的。但是随着法国人口结构的变化以及人权理论的发展，禁治产宣告制度的不足也慢慢显现，1968 年 1 月，法国对其监护法律制度进行了大幅度的修订，这也使法国成为最早对成年人监护制度进行修改的大陆法系国家。

（二）法国的成年人司法特殊保护制度

1968 年 1 月 3 日，法国颁布了第 68-5 号法律，对成年人的监护和辅助制度进行了重要修正，废除了禁治产、准禁治产宣告制度，舍弃无行为能力的司法抽象拟制，转为完全依个案审查具体有无实际行为能力；修正了对禁治产人和准禁治产人的监护和辅助制度，增加了司法特殊保护的选择，并将原有的监护和辅助制度发展为保护意义的监护或财产管理制度。现行《法国民法典》“人”卷第十一编“成年与受法律保护的成年人”对成年人保护制度作了具体规定。

1. 司法特殊保护。

对因精神功能、身体功能失常导致妨碍表达意志或者发生个人官能衰退以致无法独自保障其利益，以及生活态度不良（如浪费、挥霍、游手好闲以致陷入贫困或影响履行家庭义务）的成年人，提供特定行为上的或持续方式的司法特殊保护。任何成年人，均可因欠缺实际行为能力，主张法律行为无效。例如对已订立的合同，可以以行为时精神不正常为由主张无效废除，时效为 5 年。司法保护的意义在于为处于司法保护下的成年人保留行使其权利，而且在没有依此废除时，可以因有失公平受到损害而撤销，或得因过量而消减；受司法保护以前或以后，本人为受理其财产曾指定代理人时，此项委托应予实行。（1968 年修订的《法国民法典》第十一编第一章第 488 条和第 490 条，第二章第 491、491-1、491-2、491-3 条）①

2. 监护。

对精神官能失常以致在民事生活的行为中，需要他人以持续的方式代理时，监护即行开始，司法保护因监护或财产管理开始而立即停止。根据夫妻财产制或有关法律规定，监护权转归配偶一方并

---

① 参见龙卫球：《民法总论》，中国法制出版社 2002 年版，第 254 页。

足以保障受保护人的利益时，监护人由配偶担任。原则上监护人代理受监护人全部民事活动，监管受监护人身体、谨慎稳妥管理受监护人财产。此外，当事人也可以根据情况不设完全监护（如仅指定监护人，而无须设立监护监督人和亲属会议），由法官在开始或事后列举受监护人可单独或受协助可为的某些行为。（1968 年修订的《法国民法典》第十一编第一章第 490 条，第三章第 492～507 条）①

3. 财产管理。

对精神官能、身体功能失常妨碍表达意志者，或生活态度浪费陷入贫困或影响履行家庭义务者，并非本人不能作出行为，但在民事生活行为中须有人建议或监督的，可以对其设置财产管理人，称“财产管理”。财产管理是一种财产上的监督，有关程序与监护相同。受财产管理的成年人，为一定行为时，必须经财产管理人参与才能进行，例如，受财产管理人不得单独进行任何在设置监护时依规定需亲属会议同意的行为，也不得单独接受资金并使用资金。（1968 年修订的《法国民法典》第十一编第一章第 490 条，第四章第 508、508-1、510、510-1、510-2、510-3 条）②

三、日本的成年人后见制度

（一）修改前的成年人监护制度

日本新法修改前的民法，对于人的行为能力设有禁治产宣告和准禁治产宣告制度。对于因精神障碍判断能力不足，以致行使法律行为困难者，基于保护本人的目的，由法院选任的监护人来补充其能力不足。其主要问题在于：第一，个人判断能力不足的情形及保护的必要程度均不同，原制度欠缺弹性，无法满足各种不同状态。第二，禁治产宣告以心神丧失者为对象，对于轻度痴呆、智能障碍或精神障碍者无适当的对应措施。③

① 参见龙卫球：《民法总论》，中国法制出版社 2002 年版，第 255 页。

② 参见龙卫球：《民法总论》，中国法制出版社 2002 年版，第 256 页。

③ 陈开农：《监护与信托制度对身心障碍者安养保障研究》，台湾中正大学 2001 年硕士学位论文，第 31～32 页。

（二）成年人后见制度

新制度的修正是为适应高龄化社会所带来的问题及为了障碍者的福祉保障，兼顾与调和现行法“保护本人”的基本理念与“尊重自己决定权”的新理念。

1. 法定后见①制度——后见、保佐、辅助。

（1）监护（后见）。新法将以前的禁治产制度废止，改设“监护制度”。监护是以因精神上的障碍而经常处于欠缺判断能力状况的人为对象，家庭法院因请求人的请求，而准予监护，并选任监护人的制度。成年监护人被赋予广泛的代理权和撤销权，如对于被监护人的财产有管理权，且对有关该财产的法律行为有代理权，若有违反，成年被监护人的法律行为被撤销，但基于尊重自己决定本人尚存能力的活用，以及维持本人正常化生活的观点，有关购买日常用品及其他日常生活的行为，则不得撤销。②

（2）保佐。新法将以前的准禁治产制度废止，代以“保佐”制度的设立。保佐是以因精神障碍致辨识事理能力显然不充分的人为对象，家庭法院经请求人的请求而为准予保佐的审判，并选任辅佐人的制度。保佐人对于依法有同意权的重要法律行为，如对借贷保证、重要财产的处分，被赋予撤销权。家庭法院也须依当事人的申请，对所选择的“特定的法律行为”以个别的审判赋予保佐人同意权。在须经保佐人同意的行为中，若对被保佐人的利益无害，保佐人不同意时，家庭法院可因被保佐人的请求代理保佐人予以同意许可。③

（3）辅助。辅助是以精神障碍致辨识事理能力不充分者为对象，家庭法院经请求而准予辅助，并选任辅助人的制度。家庭法院依当事人的申请选择特定的法律行为，经由审判赋予辅助人代理

---

① 日本法在“二战”后将“监护”二字改称为“后见”，有在背后“看护”必要时伸出援手的意思。

② 参见渠涛：《最新日本民法》，法律出版社 2006 年版，第 5 页。

③ 参见渠涛：《最新日本民法》，法律出版社 2006 年版，第 5～6 页。

权、同意权或撤销权。①

2. 任意后见制度。

任意后见制度指在公机关监督之下的任意代理制度，即在本人还具有意识能力时与自己所选任的任意后见人缔结委任契约，于自己将来因痴呆、智能障碍、精神障碍致使判断能力不足的状况下，有关自己的生活、疗养看护以及财产管理事务的全部或一部分赋予代理权。

缔结此种契约，必须等到委任人已达到判断能力不足的情况，才能行使监护事务，但届时委任人已无能力监督受委任人的事务处理，所以必须由家庭法院所选任的监督人来监督受委任人的监护事务处理，以保护本人的权益。法律因此规定以将来任意后见监督人的选任作为契约的生效要件，该契约必须以书面方式订立，并经法院公证。

原则上来说，任意后见应优先于法定后见制度。家庭法院为本人利益，认为有必要时，依职权开始判定法定后见。任意后见监督人选任后，若要解除任意后见契约时，基于保护本人的观点，须具备正当事由并经家庭法院的许可。也可选任法人，如社会福祉协会、社会福祉法人、福祉关系的公益法人或信托银行等，为任意后见人或任意后见的监督人，以及选任复数的任意后见人。②

四、瑞典的新监护法

（一）修法的社会背景

瑞典的成年人监护制度也根源于古罗马法。因此在瑞典，传统的成年人监护是为其委派监护人，同时被监护人失去所有法定权利。③ 1974 年以前瑞典仅以禁治产人为成年人监护的对象，没有准禁治产人监护的规定，监护发生的条件是心神丧失以及浪费无度。

---

① 参见渠涛：《最新日本民法》，法律出版社 2006 年版，第 7 页。

② 参见［日］山本敬三：《民法讲义》，解亘译，北京大学出版社 2004 年版，第 54～57 页。

③ Israel Doron, *Elder Guardianship Kaleidoscope: A Comparative Perspective*, *International Journal of Law, Policy and the Family*, Oxford University Press, 2002, pp. 383-384.

在20世纪60年代末，瑞典从福利国家的立场出发，认为所有的人都是平等的，通过禁治产宣告来剥夺人的行为能力有碍于权利的保护，因此在1974年对禁治产宣告制度进行了修改，将禁治产宣告对象尽量缩减，规定能成为禁治产宣告的对象的，仅限于因精神障碍不能管理自己的身体或财产的人。其他行为能力欠缺的人则通过为其选任特别代理人进行保护管理。因特别代理制度的导入，瑞典全国约3万名禁治产人，在1986年已减少一半，每年的禁治产宣告案件数也已减少至平均35件。1988年“禁治产宣告制度修改委员会”又提出了“管理监护制度”，建议应配合被管理监护者的实际状况选任管理人，并且在选任之时还应确定管理人的职务，以后也可因本人（被管理人）的情况变化，而变更其职务内容，这使成年监护制度富于弹性。①

（二）瑞典的成年人监护制度

经历了1974年及1988年二度修改后的瑞典成年人监护法已废止了无能力宣告制度，对任何人都不能宣告其为无能力人，且不能剥夺任何成年人的一般选举权。现行的成年人监护制度主要由两部分构成：

（1）特别代理监护制度：具体措施是委任一名特别代理人来维护失能当事人的利益，在这种情况下当事人不会丧失任何法律行为能力。特别代理人这一全新制度可被视为一种“自愿意义上的监护”，它与美国式的持久授权书制度有相同的意义，取决于当事人和其指导者的共同意见，由于当事人不会丧失法律行为能力，因此可以制约特别代理人的权限并指示其决定。此外，任命特别代理人的程序相对来说不很繁琐，对当事人来讲具有快捷免费的优点。②

---

① 参见刘得宽：《成年监护法之检讨与改革》，载《政大法学评论》1999年第62期，第234页。

② Israel Doron, *Elder Guardianship Kaleidoscope: A Comparative Perspective*, *International Journal of Law, Policy and the Family*, Oxford University Press, 2002, p. 384.

（2）管理监护制度（是对监护的一种约束），具体做法是为其委派管理者或信托人，当事人只在有限领域丧失法律行为能力。如一个人由于疾病、智力障碍、健康或者其他原因，需要对他的权利进行保护或者对其财产进行管理，法庭可以任命一位管理人，但此任命须征得当事人同意，除非当事人自身存在特殊障碍，以致法庭无法听取其意见。这种做法只能在当事人有身体障碍或精神障碍已经不能保护或管理自己的身体或财产的情况下作为最后救济手段采用，如果委派特别代理人即可满足需要，就不能任命管理人。任命管理人后，被管理者丧失的法律行为能力应依法庭赋予管理人的权限而定，除此之外仍保留法律行为能力。①

特别代理监护人与管理监护人的不同之处为，在选任监护人或监护人执行职务时，是否仍须经本人的同意。前者（特别代理监护人）的选任及职务执行必须经本人的同意，而后者的选任及职务执行无须经本人同意。此外，在特别代理监护的情形，被代理人原则上仍得以自己的判断来行为。然而在管理监护的情形，在管理监护人选任目的范围内就被监护人的行为能力所限制。管理监护人的任务范围由法院或监护监督人决定。② 因此，瑞典法律也被视为老龄监护制度第二轮改革的产物，其独特之处在于创立了特别代理监护和管理监护两种方案并存的模式，避免了涉及丧失能力的裁决，避免了剥夺当事人法律行为能力的做法。③

五、瑞士的成年人监护制度

《瑞士民法典》的成年人监护制度分为监护、辅佐、司法保护

---

① Israel Doron, *Elder Guardianship Kaleidoscope*: *A Comparative Perspective*, *International Journal of Law*, *Policy and the Family*, Oxford University Press 2002, p. 384.

② 参见刘得宽：《成年监护法之检讨与改革》，《政大法学评论》1999 年第 62 期，第 234 页。

③ Israel Doron, *Elder Guardianship Kaleidoscope*: *A Comparative Perspective*, *International Journal of Law*, *Policy and the Family*, Oxford University Press, 2002, p. 384.

三类。成年被监护人分为以下四类：（1）因精神病或精神损耗不能自理事务或危害他人安全的；（2）因浪费、酗酒、生活放荡或不善管理财产而使自己或家庭陷入困境或贫困危险的，或其危害他人安全时；（3）被处1年以上徒刑的；（4）经证明因年老体弱，或其他疾病，或无经验不能处理自己事务的。上述对象经本人申请或经监护官厅决定，均应交付监护或接受监护，监护人应维护被监护人的一切利益并为其代理人。①

辅佐与监护不同，辅佐人按照行为的种类和管理财产而设定。《瑞士民法典》第392、394条规定了应选任辅佐人和可以选任辅佐人两种情况：第一，成年人因疾病、缺席或类似紧急情况的发生，既不能由本人行为，亦不能指定代理人时，监护官厅，应当事人的申请，或依职权，或依法律的特别规定，应选任辅佐人。第二，具备对某成年人监护必要条件的，应其本人的请求，可为其设辅佐人。《瑞士民法典》第395条规定，如对某人宣布禁治产无充分理由，但为保护其利益有限制其行为能力之必要的，可设辅佐人。该辅佐人在下述情况下应出席：（1）诉讼及和解；（2）不动产买卖、扣押及设定其他物上负担；（3）有价证券的买卖及扣押；（4）超过一般管理行为的建筑；（5）贷款的提供及接受；（6）接受本金；（7）赠与；（8）票据义务的负担；（9）保证。辅佐人由被辅佐人的住所所在地的监护官厅选任。②

司法保护，下列人员可以成为被保护人：（1）对精神病、精神损耗、酗酒、其他瘾癖或严重无人照管的成年人或禁治产人，应安置或收容于合适的机关，但如能采取其他更为有效的必要的人身保护措施时，不在此限。（2）除上述情况外，亦应考虑上述成年人或禁治产人对其周围环境所造成的负担。（3）上述成年人或禁

---

① 参见殷生根、王燕译：《瑞士民法典》，中国政法大学出版社1999年版，第102页。

② 参见殷生根、王燕译：《瑞士民法典》，中国政法大学出版社1999年版，第108页。

治产人，一旦状况好转，应立即释放。①

六、本节小结

德国的成年照护制度的特色及优点在于：（1）扩大适用对象，不仅限于意思能力障碍者，而且包括身体障碍者在内，将更多的群体纳入成年人照护的范围。（2）废除禁治产人监护及障碍者辅佐，代之以一元化的成年人照护制度。（3）尊重自我决定权，以任意照护为基础，再以法定照护制度作为补充。首先，以必要性原则为前提，基于尊重被照护人的意思自主，法定照护仅限于必要范围及必要事项内。其次，以补充性原则为指导，如被照护人有事实上的援助或自己选任任意照护人，功效已与法定照护人相同时，即不再以法院选任的法定照护人介入。（4）重视对人身利益的全面照顾。（5）以往的禁治产及准禁治产宣告制度，导致剥夺行为能力的结果。德国成年照护制度扬弃了全面否定其行为能力的旧制度，改为照护或保护的概念，尊重被照护人的自我决定权，其行为能力不因照护人的选定而当然丧失或受限，但当有保护需求时，仍有不得不加以限制的必要。于是，在不限制其行为能力的情形下，设置同意保留命令或决定的制度。虽然强制介入被保护人的私人生活，但仅限于显著的危险存在时方可进行，以维护被保护人的身体及财产利益，也体现了必要性的原则。

日本成年人后见制度的特点在于：（1）法定后见制度，新法按被监护成年人个人的判断能力的强弱，创设后见、保佐、辅助三种制度，来维护被监护人的权益。对于因精神障碍以致完全丧失对事务的辨识能力者，法律为其设定“后见”制度；对于行为能力显然不足的人，设定“保佐”制度；另一方面，对轻度的痴呆、智力或精神障碍者，其判断能力虽略有欠缺，但又未达到设立后见或保佐的必要程度，则适用“辅助”制度。在个案的具体适用上，还要按各个人的判断能力的具体情形，弹性地设定保护的具体内容

① 参见殷生根、王燕译：《瑞士民法典》，中国政法大学出版社 1999 年版，第 109 页。

与范围。（2）任意后见制度，在本人还具有完全的判断能力，能够判断缔结契约的必要性时，为自己将来可能会因老年痴呆或其他丧失判断能力的事实的发生，事先委托自己信任之人为此时的后见人。任意后见，其实质为附条件委任契约，即由公权力机关对任意后见人实施监督的任意代理制度。

法国民法对因精神功能失常、身体功能异常导致妨碍表达意志，或者个人官能衰退以致无法独自保障其利益，以及生活态度不良的成年人，提供特定行为的或持续方式的司法特殊保护、监护和财产管理。

瑞典创立了特别代理监护和管理监护两种方案，前者即委任一名特别代理人来维护失能当事人的利益，不剥夺当事人的法律行为能力；后者即对由于疾病、智力障碍、健康或者其他原因，需要对他的权利进行保护或者对其财产进行管理监护，而本人仍能保留一定的法律能力，只不过其法律能力丧失部分由监护人来进行弥补。

从各国成年人监护制度的演变过程来看，呈现出以下发展趋势：首先，保护对象范围的扩张。原先的监护对象主要是精神状态异常、浪费挥霍、酗酒和吸毒的人，通过改革相应扩大了成年人保护的对象——将因身体障碍、心神或精神障碍者、身体功能失常或个人官能衰退等不能保护自己利益、欠缺判断能力的人和老年人也纳入保护范围，这意味着将受到成年人保护的标准降低，特别是包括了因身体残障而不能独立处理自己事务的人，使得更多的弱势群体获得有效保护。其次，弹性化保护方式的设置。传统的保护方式较为硬性和僵化，有的保护方式根本无法与本人行为能力欠缺的程度相匹配。新的成年人保护制度规定了与成年保护人类型对应的保护模式，可以根据不同主体的需要进行弹性化的归位，更加符合法律制度的人性化特色。最后，尊重被保护人的意思自治，废除禁治产宣告模式。原先监护人对受监护人的财产和人身利益具有极大的支配性，受监护人完全处于一种被动状态，其行为能力被剥夺和限制。改革后的成年人保护制度遵循的是以尊重自我决定权和个人意思为核心理念，充分维护行为人的意思自由，并非完全限制被保护人的法律能力，从人身利益和财产利益方面进行全方位的保护，体现出浓厚的私法自治色彩。

第三节　英美法系持续性代理权授予制度的发展

一、美国的成年人监护制度

美国的成年人监护制度是“非紧急情况”下由人民发动的非自愿性质的保护。

（一）监护的用词与意涵

“监护”一词的用法内涵在美国因州而异。在《统一遗嘱认证法典》（*Uniform Probate Code*，UPC）中，“Conservatorship”专指财产监护，“Guardianship”指人身监护。然而有些州的监护（Guardianship）包括财产监护与人身监护。在路易斯安那州，Guardianship 意指“禁治产（Interdiction）”。①

美国法概念同样假设一个成年人有完全的能力为其自身行为作决定并为之负责。但如因“心智障碍而使个人无法作可靠的决定并为其所痛苦时，社会必须为其指定某人代为决定”。② 被指定“为他人”为替代决定者，称为 guardian 或 conservator（监护人），由他人代为决定者，即无能力人，则依各州用语称为 ward（受监护人）、incapacitated person（失能者）或 incompetent（无行为能力人）不等，本意上无太大差别。

美国监护法制将监护区分为“未成年监护”（Guardianship of a Minor）及“未成年以外因素致无行为能力者监护”，后者通称为无行为能力者监护（Guardianship of a Incapacitated Person）。无行为能力者因为心智障碍（Mental Disability）而无法为自己的人身或

① *Black's Law Dictionary*，West Publishing Co.，8th Edition，2004，p. 2372. Interdiction 为民法体系所称的禁治产，路易斯安那州为美国少数民法法系的州，故采此一法律概念。

② See Lawrence A. Frolik & Richard L. Kaplan，*Elder Law in a Nutshell*，2nd Edition，West Group，1999，p. 224.

财产事务作可靠决策时，法院必须指定某人为其代作决定。① 此种由法院为欠缺心智能力人指定代理决定者的保护程序即是“监护”（Guardianship）② 或称为“保护”（Conservatorship）。简言之，监护是国家对于无法为自主决定而被法院判决为无行为能力的人（或行为能力有欠缺的人）指定代理决定者以保护其财产及人身福祉的法律制度。美国保护行为能力有欠缺者的法律机制，依照《美国联邦法律社会安全法》第二十章（*The Social Security Act*, “Grants For States For Services”, 42U. S. C. 1397-1397F），针对“非因未成年原因”而欠缺行为能力者，授权州政府提供“非自愿”（强制）性质及“自愿”性质的保护服务。③

（二）美国的继续性代理权授予法

1. 制度的修正背景。

美国因循普通法规定，一般的代理权会因本人的死亡或丧失行为能力而消灭，存在着适用上的不足。而继续性代理权授予制度（Durable Powers of Attorney, DPOA）可说是专为数目激增的丧失行为能力高龄人群所创设的财产管理制度，④ 其用意在于避免法院干预，追求当事人的意思自主，降低财产管理成本。

美国的继续性代理权授予制度可追溯至1954年弗吉尼亚州的立法，准许传统的代理权授予于本人残障或丧失行为能力后的代理行为仍然有效。⑤ 《统一遗嘱认证法典》（*Uniform Probate Code*,

---

① See Lawrence H. Averill Jr., *Uniform Probate Code in a Nutshell*, 5th Edition, West Group, 2001, p. 491.

② 关于监护的内容及用语，各州差异极大。Guardianship 指对于无行为能力人就人身所为的决定，而 conservatorship 则指就该无行为能力人的财产所为的决定。有些州 guardianship 同时包括人身及财产上所为的决定；而路易斯安那州的 guardianship 则为禁治产的意思。

③ See Debra Sacks, *Guardianship: Issues and Legislative Trends*, Practising Law Institute, PLI Order No. D4-5264, June, 1996, p. 429.

④ See William M. McGovern Jr., *Trusts, Custodianship and Durable Powers of Attorney*, 27 *Real Property, Probate and Trust Journal*, Spring, 1992, p. 18.

⑤ See Carolyn L. Dessin, *Acting as Agent under A Financial Durable Power of Attorney: An Unscripted Role*, 75 *Nebraska Law Review* 574, 1996, p. 577.

UPC）的立法者认为应为无资力负担监护程序的当事人另行创设一便捷程序①，并建议立法者修正普通法代理原则，并赋予持续性效力，使当事人得使用代理权授予（Power of Attorney），且于本人丧失行为能力后代理关系仍然存续，*The Model Special Power of Attorney for Small Property Interest Act*（The 1964 Act）为《统一遗嘱认证法典》的前身。该法与《统一遗嘱认证法典》有较多不同，程序复杂限制多，只适用于小额财产当事人，须经法院核准生效。随后美国统一州法委员会（National Conference of Commissioners on Uniform State Laws）于1969年以统一遗嘱认证法的第5-501条及第5-502条规定为基础，制定《统一继续性代理权授予法》(*Uniform Durable Power of Attorney Act*)，并于1979年再次改定。自此各式各样有关代理的调整规定，于各州UPC法典陆续出现。② 至今全美50个州及哥伦比亚特区都在立法上承认继续性代理权授予法。③ 各州立法在是否要求法定格式、代理权限的承认范围、终止或撤回的方法、法定监护与DPOA代理权限④、是否承认附停止条件的代理（Springing DPOA）等各项规定有相当的差异性。

2. 继续性代理权授予制度。

---

① *The Model Special Power of Attorney for Small Property Interest Act* 前言指出：本法典的目的主要为希望自己个人或财产上的权利或自己的事务预先处理的面临身体障碍、疾病的人们，就其小规模财产，例如社会福利给付，提供简便低廉的法律程序协助。基于本法典所设立的代理权授予（durable power of attorney）仅作为一成本较低廉的代替方法用以管理商业财富（commercial property interests），也不会完全取代监护（conservatorship or guardianship）。See Major Michael N. Schmitt and Captain Steven A. Hatfield, *The Durable Power of Attorney: Applications and Limitations*, 132 *Military Law Review* 203, Spring, 1991, p. 230, Fn8.

② See Jeffrey A. Helewitz, *Elder Law*, 1st Edition, Thomson Learning, 2001, p. 191.

③ Carolyn L. Dessin, *Acting As Agent under a Financial Durable Power of Attorney: An Unscripted Role*, 75 *Nebraska Law Review* 574, 1996, p. 620, Fn28.

④ Major Michael N. Schmitt and Captain Steven A. Hatfield, *The Durable Power of Attorney: Applications and Limitations*, 132 *Military Law Review* 203, Spring, 1991, p. 230, Fn65.

(1) 定义。

继续性代理权授予(Durable Power of Attorney, DPOA)的本质为一个授予代理人权限的书面授权文件，仅为表彰本人授予代理人权限，证明代理人有代理权限，至于代理人应如何执行权限并无规范。

(2) 分类。

A. 财产 DPOA 与人身照护 DPOA。

DPOA 为财务规划(Estate Planning)工具之一，最早即是为取代非自愿性质财产管理(监护人)而创设的法律制度，典型 DPOA 为一授予管理财产权限的授权书。DPOA 最初目的是为了无法负担信托作为理财工具的高龄者所设计的法制，例如阿肯色州规定 DPOA 只能管理 20000 美元以下或年息收入 6000 美元以下的财产，至今仍为该州有效法律。① DPOA 现已发展为几乎任何种类形式的财产都可以通过 DPOA 授予代理人管理的权限。由于高龄者所拥有的财产权样态繁多，本人至少应就可预见未来提出欲授予的特定权限种类，并不鼓励授予概括权限。

人身照护的 DPOA (DPOA of Health Care)赋予代理人就医疗处置的选择、接受与否等代替本人为决策的继续性代理权限。基于代理法的原则，任何法律上可以委任的权限，代理人都可以代为执行。人身照护 DPOA 实现了代理人代替无行为能力人为医疗决定的可能，不仅避免监护程序烦冗及成本，以本人书面意思表示预为照护事宜决定代理人的指定，排除本人不愿意由家属代为作医疗决定或为避免家属因照护事项意见产生争执的情形。但由于人身照护事项涉及本人的健康权甚至是生命权，因此其要件规定较为严格。②

B. 立即生效 DPOA、附停止条件 DPOA 与延后发出 DPOA。

---

① Ark. Code Ann. § 28-68-201 to § 28-68-203, http://law. justia. com/codes/arkansas/2010/title-28/, last visited on October 26, 2011.

② William M. McGovern Jr., *Trusts, Custodianship and Durable Powers of Attorney*, 27 *Real Property, Probate and Trust Law Journal*, 1992, p. 44.

标准的 DPOA 于成立时即生效力，代理人立即取得代理权限。而如老年人对于在自己尚有完全行为能力时就由他人取得财产管理权限多半存有疑虑，因此财产管理可考虑延缓生效；人身照护 DPOA 较适合立即生效，可免于心智能力判断的问题。

立即生效：依照代理的普通法原则，授权书作成时即生效力，代理人已取得代理权限，但仍受本人的指示与监督，即使本人随后的指示与授权书内容相悖，代理人仍须遵照。

延缓生效：为达到本人希望在丧失行为能力后才将代理权限授予的目的，发展出以“本人无行为能力”为停止条件的 DPOA 类型，使 DPOA 于条件成就时才发生效力，在本人未丧失行为能力前，DPOA 代理人并未取得代理权限。① 并非所有州法都承认延缓生效的 DPOA 类型，此类型 DPOA 最大的问题是丧失行为能力的时点判断，解决的方法为在授权书中列明无行为能力的判断标准，例如指定由两位医师诊断并出具证明。此类型 DPOA 将传统法院判断行为能力的任务转由代理人决定何时为无行为能力的时点。

延后发出：同样为解决本人对于过早授权的疑虑，延后发出的 DPOA 是一个已经完成并具有效力的 DPOA 文件，交由第三人（通常是撰写的律师）保管，直到本人认为需要的时候才发出给授权书载明的代理人，代理人才开始执行职务。这种方式可排除依靠第三人判断无行为能力的时点。②

财产管理与人身照护事项的决定，其性质迥然不同，代理决定者所需要具备的能力资格也有所不同。对于财产管理者，一般要求具有投资理财的专业判断能力；而对于人身照护事项的决定，则要求代理人对于本人的生活风格、价值意向甚至是医疗知识等有深刻的了解。专业机构对于理财投资的决定游刃有余，却无法满足基于个别价值的独特性而作出人身照护事项的决定，因此实务上多以财

---

① Carolyn L. Dessin, *Acting as Agent under a Financial Durable Power of Attorney: An Unscripted Role*, 75 *Nebraska Law Review* 574, 1996, p. 577.

② See Lawrence A. Frolik & Richard L. Kaplan, *Elder Law in a Nutshell*, 2nd Edition, West Group, 1999, p. 257.

产管理与人身照护分别成立两个 DPOA。对于老年人而言，为满足避免其财物过早失控，同时又期望立即接受人身照护代理决定的需求，设计上可使人身照护方面成立一立即生效的 DPOA，而使财产管理按附停止条件的 DPOA 方式处理。

关于财产管理代理人与人身照护代理人权限的优先问题，老年人本人可于 DPOA 中载明以何者为优先。笔者认为对老年人的财产管理主要目的即在于确保有足够资力实施所期望的人身照护事项，而且本人既然在财产管理者之外另设人身照护代理人，即有不愿赋予财产管理代理人代为人身照护决定的意思。如果本人未预先表示，除非人身照护决定将涉及财产重大损失妨害老年人日后的支付能力，否则不宜使财产管理的代理人拥有拒绝支付费用从而左右人身照护决定的权利。

二、英国的《持续性代理权授予法》

（一）制度修正的背景

传统的英国代理法，有一句法谚："Quifacitperalium, facitperse。"（借他人之手为之者即等于自己为之），视本人与代理人基于同一原理，将代理人的行为视为本人行为。与此相关，原则上会因权限授予者精神能力的丧失，以致产生该权限自动撤回的效果。本人自己不能作的事情，代理人对此也无代理权限。在事务上本人因意思能力丧失无法监督代理人，代理人即使有不当行为，也无法对之解任，因此代理权应当有所缩减。

按照英美普通法的规定，代理权会因本人（委任人）的死亡或丧失意思能力而消灭。高龄者虽然在有意思能力时，为自己的现在或将来以契约委任可信赖者代行处理事务，但该代理权会因自己（本人）老后意思能力丧失，而自然消灭。为补救这一弊端，英国于 1985 年制定了《持续性代理权授予法》，该法规定，本人意思能力丧失后其代理权授予契约仍然有效。[①]《持续性代理权授予法》

① 参见刘得宽：《成年监护法之检讨与改革》，载《政大法学评论》1999 年第 62 期，第 236 页。

是规定本人意思能力丧失后，特定情形之下的代理权仍然可以继续有效的法律。所谓“持续性代理权授予制度”是指本人于有意思能力时，预先选定年满十八岁而未受破产宣告的自然人或信托公司为代理人，并依照法定的方式与其订立有关财产管理的代理契约，一旦本人丧失意思能力时，由该代理人依据该契约向英国保护法院申请登记，并通知利害关系人若其对于该契约无异议或有异议而经法院驳回确定，经法院允许登记而发生效力的法律制度。

（二）持续性代理权的成立要件及登记的效果①

（1）授予人的资格。本人于授予代理权时，仅须有意思能力，并能理解持续性代理权的意义。

（2）代理人的选任。持续性代理权授予在代理权契约签订后，本人的意思能力丧失后也可维持代理权的效力，代理人必须能理解持续性代理的意义与内容，因此代理人必须是年满十八岁以上的自然人或信托公司。但代理人的资格要受破产的影响，任何情况下任何原因的破产将导致代理人丧失代理资格。在代理人数量的确定上，本人也可选任复数代理人，以便保障任何一个代理人不能执行代理行为时，本人利益免受不利影响。也可利用不同事务交于不同专业的代理人保障代理的高效性。选任复数的代理人为共同代理或连带代理。所谓共同代理指代理人全体必须共同为代理行为，连带代理指每位代理人均可单独代理本人。选任共同代理人的目的在于使代理人之间互相监督，选任连带代理人的目的是当某个代理人不能进行代理行为时，还有其他代理人可替代。代理人在一定条件下，可以委托他人行使事务，但受托人并非受领本人可持续性代理权，而仅仅作为代理人之普通代理人。

（3）代理权的标的。持续性代理权授予法是以财产管理为立法对象，而不涉及身体方面的照护。当高龄者丧失意思能力时，身体照护依然适用原来的监护制度。

（4）代理权授予的方式。持续性代理权的授予必须具备书面

① http://www.legislation.gov.uk/ukpga/1985/29, last visited on October 28, 2011.

方式，防止代理人权限的滥用。代理人行使代理权必须依照本人和代理人预先确定好的方式进行，而本人对授予代理权的补充说明应当与双方的约定一起被执行。虽然是平等法律地位下的双方协商，代理权的内容还是首先受到被代理人意志的约束，体现出法律对弱势群体的制度性关怀。

（5）生效时间。持续性代理权授予契约必须向法院登记并经裁定准许后才发生效力。

（6）代理权的登记。分为两类，第一种为不经由代理人递交申请的确认，当本人处于行为能力缺失或者将面临这种状况，为保障其利益并且有必要的时候，法院可以不经代理人申请直接对授权进行登记以确认其效力。第二种登记即为代理人提交申请，通知本人及其亲属，若本人或其亲属对申请有异议时，法院必须对此进行审查，主要审查方面为代理人的代理资格，代理授权的具体内容是否为双方一致的意思表示，被代理人授权时是否具有行为能力，授权内容是否合法、可行以及是否符合该制度的目的等，其中，包括了确定的无效条件和可容忍的无效条件，在违反确定无效的条件时，法院将拒绝代理人的申请登记，在违反可容忍的无效条件时，法院可以拒绝登记。

（7）持续性代理权授予法仅当本人丧失行为能力时适用，本人死亡的并不适用。也就是说，这一授予法并不是本人死亡后延续代理权所设定的新规则，本人死亡时的情形适用传统普通法的原则。① 持续性代理人与财产管理人竞合申请的情形，保护法院尊重本人的自己决定权，虽然以持续代理权的创设为优先，但即使选任持续性代理人，选任财产管理人的权限仍保留在保护法院。②

这种持续性代理权制度，目前除英国外，在美国等英美法系国

① 普通法有代理人对于本人的财产有一定财产利益保护的所谓“利益伴随代理”，本人死亡仍不消灭，这是英美法系中本人死亡后持续性代理权存在的例外。

② http：//www.legislation.gov.uk/ukpga/1985/29，last visited on October 28，2011.

家广泛被使用而普及。其快速普及的理由有四点：①既然已在照顾授予人的代理人，较为了解本人的情况而且已获得本人的信赖，于本人丧失意思能力后继续为其代理行为最为便利。②可免去选任监护人的繁琐程序，顾及本人隐私权。③对本人意思能力丧失的时间点的确立，往往很不容易，若有持续性代理人存在，即使本人意思能力丧失但代理权还存在，因此对意思能力有无的判断，没有严格要求。④持续性代理权为与一般人法律意识相符合的制度。①

英国的持续性代理权授予法本身虽然没有规范有关身体上监护的意思决定事项，但在实际运作时该制度将本人视为主体，以本人利益为依归，尊重本人的意愿；以任意代理为扩张私法自治范围的手段，有补充私法自治不足的功能；并且持续性代理权授予制度为融合意定代理与法定代理制度后产生的新制度，增加私人运作上的选择性，具有一定的参考借鉴价值。

（三）意思能力法的发展

英国2005年颁布的《意思能力法》(*Mental Capacity Act*) 取代了1983年的《精神卫生法》第七部分与1985年的《持续性代理权授予法》。相比《持续性代理权授予法》,《意思能力法》有了一个重大改革，即将代理标的扩大到人身照顾。相应的持续性代理权的内容变更体现在：第一，当代理的事项涉及身体照护内容的，代理人只能由有资格的自然人担任。代理人可以由本人选择，也可以由保护法院指定。第二，授予方式方面，确定了书面形式和登记要件。保护法院的公设监护人还要向申请登记人以及其他利害关系人发出通知，异议期间届满没有人提出异议或者异议被驳回的，即可授予持续性代理权。第三，代理权限主要指本人财产及一般日常事务或与本人财产有关的特定事务、本人的个人福利和与个人福利有关的特定事务，以及为完全丧失意思能力的本人作出决定的权限。只能由本人实施的与人身有关的事项不能设定代理。第四，对代理人的约束。代理人要做到制作报告，移交报告。虐待、疏忽构成犯

① 参见刘得宽：《新成年监护制度之检讨》，载《法学丛刊》1997年第168期，第19页。

罪的，将会受到简易判决，被判处最长12个月的有期徒刑或判处罚金；或起诉审判，被判处最长5年的有期徒刑或判处罚金。①

英国经历了单一的财产事务代理权授予到修改后的财产、人身可持续性代理权授予方式，不但增加了保护法院对代理的管理制度和监督力度，而且弥补了旧法在实践中监督机制薄弱等弊端，进一步体现了公权力对监护的适当介入。

三、加拿大的统一代理权法

（一）《统一代理权法》

加拿大的统一法委员会，希望加拿大各州都能够制定相同内容的法律以求法的统一。1978年，加拿大通过《统一代理权法》（*Uniform Power of Attorney Act*）。该法非常简单，主要只有两个条文：一是若以书面授予代理权，在授权书中明记，即使事后授权者变为精神薄弱者（Mental Infirmity），代理权仍继续存续时，承认其持续性代理权，并且该书面授权书必须要有授予者本人及一名证人的签名，代理人及代理人的配偶不得为证人。二是该持续性代理权（任意代理），会因法院的依法选任监护人（法定代理人）而消灭。这两条统一法可以说是参考了美国的相关法律规定。到1990年，该统一法几乎变为加拿大各省的范本，而影响各省的立法内容。

（二）加拿大安大略省的《代行决定法》

加拿大安大略（Ontario）省的《代行决定法》（*Substitute Decisions Act*），于1992年成立，1995年施行，1996年又大幅修改。该法分为五章：第一章为一般规定，第二章为财产，第三章为人，第四章为监护人选任程序，第五章为附则。代行决定法对于意思能力采取“认知机能”的标准。从《代行决定法》第6条（欠缺财产管理能力）及第45条（欠缺身体照护能力）的定义来看，该法对“欠缺意思能力”定义为：不能理解有关做决定事项的信息，

① http://www.legislation.gov.uk/ukpga/2005/9/contents, last visited on October 28, 2011.

或不能认知由决定或不决定所生可能合理预见结果之能力。同时确定五项原则：尊重自己决定权原则、承认能力推定原则、无能力认定范围的个别化原则、脱离偏重医学判断原则、监护为最后手段性原则。①

四、本节小结

在美国，按照发动主体的不同，对行为能力有欠缺者的保护法制分为“国家主动介入”与“由本人发动”两种程序。所谓国家主动介入保护法制是指由政府用公权力对特定成年人实施的强制措施，即当本人丧失自我决定能力时，强制加诸当事人。依受保护者所处的情形的不同，又可分为“紧急”与“非紧急”状况下的保护措施。美国的成年人监护制度是在非紧急的情况下由人民发动的非自愿性质的保护法制，是国家基于人民（本人或第三人）的申请被动介入的保护服务，由于其并非经本人同意而发动，故为非自愿性质。②

英国持续性代理权授予法的特点有：（1）对代理权的授予有着严格的登记的形式要求；（2）由于所授予代理权的持续性，代理权可以延伸至被代理人丧失行为能力后仍然有效；（3）程序上相对简便、高效，没有过多的禁治产宣告；（4）英国的持续性代理权授予是以财产管理为立法对象的，而不是以身体照顾为对象，当老年人丧失意思能力时，身体照顾依然适用原来的监护制度。而意思能力法的修改是以确保本人最佳利益为立法目标，从保护的观点，尽量给予本人适当、必要的支援，充分活用本人残存的能力，并遵循五大原则：能力推定原则、自己决定原则、维持决定原则、最佳利益原则、最少干预原则，保护的程度和范围进一步扩大。

在此主要以美国法和英国法为对照对象，相同点均是为了回避

---

① http://www.e-laws.gov.on.ca/html/statutes/english/elaws_statutes_92s30_e.htm, last visited on October 30, 2011.

② ［美］Abraham Monk 编：《老人福利服务》，李开敏译，心理出版社1996年版，第617页。

普通法上本人无意思能力则代理权消灭的原则，而以制定法的立法形式承认持续性代理权授予的概念，最大限度地尊重本人的自我决定权，两者的发展出现相互趋同、相互融合的趋势。而两者的不同之处在于英国持续性代理权授予属于向法院登记事项，关于代理权的行使法院有广泛的监督权，它实为一种新的意定代理制度：以当事人自己的意思决定为基础，加上法院的公权力监督或控制以资担保来确保对本人的实效性。持续性代理也仅适用于本人在丧失意思表示能力的场合，如本人死亡，则持续性代理同普通代理一样，自然消灭。而在美国法上，作为取代法定代理人而授予任意代理权的制度，就其所具有的单纯任意代理的性质，与英国法有很大差异，英国法最初明文规定仅以财产管理为对象，不包括对成年人的人身监护；当持续性代理人与财产管理人（监护法上）二者竞合，从尊重本人自我决定权的理念出发，以持续性代理权优先，对成年人的人身监护仍适用原成年人监护制度，之后经过意思能力法的修改才将人身利益的保护纳入代理权授予范畴的。

第三章

私法上人的能力与成年人保护

能力一词虽然在法律（法学）上极为常用，但国内学者对它的研究、讨论似乎并不太多。有学者认为，“法律上所谓能力，是指在法的世界中作为法律主体进行活动，所应具备的地位或资格。当然，该地位或资格是由法律所赋予的。民法上有三种能力：民事权利能力、民事行为能力及民事责任能力。民事权利能力，是作为民事主体‘人’所具有的‘静的’能力；民事行为能力和民事责任能力，是关于‘人’的活动的‘动的’能力”。① 还有学者认为，“民事能力，指民事法律关系主体的法律地位。此处的‘能力’，其含义为资格，而与日常用语中的‘胜任某项工作的主观条件’的含义无关。民事能力又进一步分解为‘权利能力’、‘行为能力’、‘意思能力’和‘责任能力’等”。② 纯粹法学的代表人物凯尔森从法律规范的角度理解法律能力即资格的概念，认为：“当

① 梁慧星：《民法总论》，法律出版社2001年版，第56页。

② 张俊浩：《民法学原理》（上册），中国政法大学出版社2000年版，第60页。

规范将某个人的行为当做法律条件或法律后果时，意思是只有这个人才有‘能力’作或不作这一行为；只有他才有‘资格’。只有当这个有能力的和有资格的人作或不作时，才发生根据规范来说成为法律条件或法律后果的行为或不行为。”“一个人有‘资格’为一定行为，意思就是只有在这一行为是由这个人作出时，才被给予法律条件或法律后果的质。”① 对成年人保护制度进行完整的研究，是建立在剖析法律上存在的人所具有的法律人格与一系列基本能力的基础上的，不能剥离民事主体的人格与能力进行孤立的分析。自然人作为民事主体而存在，不论年龄、精神状态、身体机能的状况，应当无差别地享有平等、抽象、自然的权利能力。也就是说，不论身心障碍者、精神障碍者还是老年人，均享有权利能力，至于不同人所获取具体权利的不同是受到行为能力的制约的。

第一节　行为能力的理论分析

一、行为能力的内涵和价值

（一）行为能力的概念内涵

传统民法上，法律效果中的法律关系，其是否发生或变动，是以特定的法律事实或事实构成为条件的，换言之，对权利主体来说，他的权利能力使他有了承受法律关系的主体资格，但是要实际承受某项法律关系，还必须发生特定的法律事实。某些法律关系的发生，是随着自然人出生自动发生的，例如生命权等人格权。但是，传统民法更关注人的行为，使许多法律关系的发生或变动，直接与人的行为相关，可以说，人的行为是民法上主要的法律事实类型。生活中人的行为非常复杂，有事实行为，有侵害行为，也有抱着明确的法效意思的意欲行为即法律行为。由于人的行为复杂程度不同，客观上其完成所需要的心理认识或者判断

① ［奥］凯尔森：《法与国家的一般理论》，中国大百科全书出版社 1996 年版，第 101 ~ 102 页。

能力也不同。传统民法鼓励积极或创造性的生活，鼓励个性与社会的发展，所以对法律行为特别重视，视为最为重要的法律事实。法律行为是法律生活中最积极的部分，当事人要运用自己的意思创设意欲的法律关系，这种意思明显更复杂、程度更高，因此，理应要求具有更高的意思能力。由此提出以有效法律行为取得或变动法律关系，行为人应具有相应的认识和判断能力问题。这种能力就是行为能力。①

德国学理对行为能力的概念，一般解释为："自行以法律行为取得权利、负担义务的能力或资格。"② 换言之，即以自己的行为取得法律效果的能力。史尚宽先生指出："民法上所谓行为能力，指法律行为能力而言。法律行为能力，谓得单独确定的为完全有效的法律行为之资格。"③ "自然人具有行为能力，即可以通过自己的意思表示（法律行为）而构建其法律关系。"④ 《德国民法典》首次使用行为能力作为第三章"法律行为"第一节的标题。一些国家沿袭德国，如《瑞士民法典》在法律上直接使用"行为能力"概念。⑤ 由于法律行为是以意思表示为基础，而从事有效的意思表示，又以表意人"确实能预见并了解自己行为后果，为自己利益着想"⑥ 为前提。一个人为自己表示的意思负责的能力（识别能力），通常会因年龄及精神状况而异，此为行为能力之有无的判断基础。然年龄及精神状况对识别能力的影响的情形并不相同。受年

---

① 参见龙卫球：《民法总论》，中国法制出版社 2002 年版，第 218～219 页。

② 转引自黄立：《民法总则》，中国政法大学出版社 2002 年版，第 109 页。

③ 史尚宽：《民法总论》，中国政法大学出版社 2000 年版，第 93 页。

④ ［德］迪特尔·梅迪库斯：《德国民法总论》，邵建东译，法律出版社 2000 年版，第 409 页。

⑤ 《瑞士民法典》第 12 条规定，"有行为能力的人，亦有能力通过自己的行为享受权利和承担义务。"其"自己的行为"，只能限于法律行为的理解。参见殷生根、王燕译：《瑞士民法典》，中国政法大学出版社 1999 年版，第 7 页。

⑥ 参见黄茂荣：《行为能力》，载《植根杂志》1998 年第 14 卷第 11 期，第 482 页。

龄影响者，通常是一般的，非个案的；反之，受精神状况影响者，有时是个案的，有时是一般的。① 行为能力有广义和狭义之分，广义行为能力包含适法行为能力（法律行为及准法律行为能力），以及违法行为能力（债务不履行及侵权行为能力，又称责任能力）。狭义行为能力则仅指适法行为能力，又称法律行为能力，一般行为能力指狭义而言。行为能力须以意思能力为前提，欠缺意思能力人的行为不能发生法律行为的效力，其目的在于保护欠缺意思能力人。主张欠缺意思能力而不发生法律效果，需证明行为时不具有完全意思能力，惟此项举证并不容易，是为避免举证上的困难，民法规定行为能力的有无，以年龄为抽象标准，以保护无行为能力人及减少无行为能力制度在社会交易中所产生的不便。②

（二）行为能力制度的价值

民法上行为能力制度是否绝对必要，有不同认识。在以私法自治为基础的国家，行为能力制度是一个不可或缺的制度，因为需要通过与心理认识能力有关的资格筛选，保护参与交易的主体，并兼顾健全自由交易市场的功能。在强调一切社会生活均由国家统筹安排的国家，不容或限制自治行为，行为能力制度自无必要。③ 自罗马法以来的传统民法，都奉行私法自治原则，承认法律行为的重要性，将其视为法律上最重要的法律事实，鼓励当事人依此创设或变动法律关系。法律制度要承认表意人表示出来的意思价值，就必须设定表意人具有理智的形成意思的能力这一前提④，因为这样才称得上真正的自治。因此，行为能力制度也就成为必要制度。这一立法态度的价值在于尊重社会生活的本性，即不脱离个人的原点，尊

① 参见黄茂荣：《行为能力》，载《植根杂志》1998 年第 14 卷第 11 期，第 482 页。

② 参见梁慧星：《民法总论》，法律出版社 1996 年版，第 58 ~ 59 页。

③ 参见曾世雄：《民法总则之现在与未来》，中国政法大学出版社 2001 年版，第 159 页。

④ 参见［德］迪特尔·梅迪库斯：《德国民法总论》，邵建东译，法律出版社 2000 年版，第 409 页。

重理性的自治生活，在深度上维护个人最大利益。①

行为能力，在法律中是一项更具有深度的体现主体性需要的制度。行为能力进入实证法有一个更清晰的背景可供观察。不管是什么原因影响人们形成自治法律思维，作为事实结果，私法自治制度逐渐地被置于民法发展的中心，对于这个现象，梅因曾经作了一个考察，提出了一个关于民法发展的“从身份到契约”的著名的结论。②《法国民法典》将契约自由无可争议地上升为实证法的原则，《德国民法典》进一步发展出法律行为理论，建立了广泛的自治规则。近代法规定自治能力并且突出它，不管是受近代的政治经济学的影响，还是受其他人文思想的影响，或者是由贸易实践促成，在动机上却明显是要赋予个人自治资格，自治能力的规则就是要把个人可以参与自治的这个空间用法律的形式维护下来，是要用立法承认个人在创造生活、发展经济、促进社会方面有无法替代的能量。民法没有赋予每个人以自治能力或称行为能力，而是基于理性原则，只将完全行为能力赋予成年并精神上健全的人，但这并不影响自治能力制度为个人主体价值设定的动机。当法律把行为能力授予主体时，主要的意义是宣告了主体的权力，即宣告了自治行为的归属性。可见，行为能力的属人性完全显露在立法思维中，比权利概念更为公开地宣示了法律的主体性。③

（三）行为能力与法定代理

行为能力是人的能力的一种实然性状态，并没有像权利能力那样具有抽象的平等性。不同民事主体的行为能力可能因划分标准的原因而有所不同。法定代理从本质上解决了权利能力抽象性与平等性在现实生活贯彻中引发的差别性问题，意思能力作为一种事实上的认识和判断能力，因不同的人而不同。年龄区分标准相对客观一

① 参见龙卫球：《民法总论》，中国法制出版社2002年版，第219页。

② 参见［英］梅因：《古代法》，沈景一译，商务印书馆1959年版，第97、172页。

③ 参见龙卫球：《法律主体概念的基础性分析（下）——兼论法律的主体预定理论》，载《学术界》2000年第4期，第80～81页。

些，尽管这一标准不能做到绝对准确，似乎也没有更合适的标准存在。现代各国，也主要是以年龄为区分标准的，所不同者仅在于年龄及划分方法不同。《德国民法典》划分为三级：7岁以下，7～18岁，18岁以上。《法国民法典》划分为两级：未成年人与成年人(18岁以上)。① 在年龄标准之外，各国尚采用一些辅助标准：特殊成年制及个案审查，特殊成年制如劳动成年、② 结婚成年等，个案审查主要是针对心理发育有障碍者。

法定代理权的行使方式因情况不同而有差异，或者由法定代理人亲自实施，或者由其允许，或者由其事后追认等。尽管法定代理的一般效力是利益归属于被代理人，但在意思能力不健全者未经法定代理人同意的情况下，其行为效力要根据具体情况来判定，一般说来，对意思能力不健全者利益的保护优先于对交易安全的保护。由于法定代理是针对意思能力不健全者参与外部法律关系而发生，这种外部法律关系即法律行为，因而，行为特征相对突出，③ 行为能力就此产生。一般认为，行为能力是指自主从事法律行为的能力，所谓“自主”就等同于“无须法定代理”，如果做一个替换，行为能力就是指无须法定代理便能从事法律行为的能力。行为能力类型化区分的意义最终还是在于需要法定代理的范围不同，对法律行为效力的影响同样依赖于法定代理权的行使情况，只有在法定代理权没有被相应行使时才涉及效力问题。不应混淆行为能力和意思能力，意思能力是事实上的认识和理解能力，行为能力则是指自主为法律行为的能力，法定代理和行为能力虽都以意思能力为前提，但行为能力是在法定代理基础上产生的。

行为能力产生之后，又表现出自身与法定代理不同的倾向性，行为能力的内容倾向于外部法律关系，即与第三人为交易行为时所必须认定的条件，因为对于行为相对人来说，意思能力不健全者与

---

① 参见史尚宽：《民法总论》，中国政法大学出版社2000年版，第116页。

② 参见我国《民法通则》第11条第2款的规定。

③《德国民法典》关于行为能力的立法体例是将其放在总则中的第三章“法律行为”，第一节即是“行为能力”。

法定代理人之间的关系只要具备通过法定代理体现出一般的公示性，其他因素对于法律行为并无实际意义。行为能力与家庭内部的身份权的关系表现并不紧密，而行为能力关于类型化的区分又格外引人注目，在一定程度上也诱导人们淡化在行为能力方面家庭关系背景的认识，相反，法定代理则表现出与家庭关系的密不可分。行为能力与法定代理的归结点都是意思能力不健全人的利益保护，所不同的是两者的立足点有区别：行为能力是就意思能力不健全者角度而言，行为特征较突出，法定代理则是就父母行使监护权的方式而言，家庭的身份性关系较明显。

二、德国民事行为能力确立的思想基础——自由意志理论

康德认为：人的本质是自由意志（意志是有理性的主体渴望作出某种决定的能力①），人在每个时刻都可自由选择，并不因他从前或生来是个好人或坏人而能决定其选择。康德又认为，就它可以决定自愿选择的行动而言，意志就是实践理性，② 此等实践理性在伦理学和法哲学上包括了人类识别道德要求并根据这种要求处世行事的能力。③ 所以，具有自由意志或实践理性的人可以通过自己的理性来实现道德的准则，或违背该准则，从而有能力认识自身行为的性质并有能力承担自身行为的后果，这一思想体现在私法制度上即有相应理性的生物人具备可以承担义务和责任的能力。

黑格尔认为："自为地存在的意志即抽象的意志就是人（Person）。生物人（Mensch）的最高成就乃是成为人（Person）。"④ 所以，人（Person）的本质也是自由意志，而生物人并不一定就是人

① 参见［德］康德：《法的形而上学原理》，沈叔平译，商务印书馆1991年版，第12页。

② 参见［德］康德：《法的形而上学原理》，沈叔平译，商务印书馆1991年版，第12~13页。

③ 参见［德］卡尔·拉伦茨：《德国民法通论》，王晓晔等译，法律出版社2003年版，第46页。

④ ［德］黑格尔：《法哲学原理》，范扬、张企泰译，商务印书馆1961年版，第46页。

(Person)。不过，应该注意的是，黑格尔在此所谓的“自由意志”乃是他提出的“客观精神”的内在基础，“客观精神”则是“绝对精神”在人类社会中的体现。① 据此，黑格尔所谓的“自由意志”不能等同于康德所讲的作为个体的理性人渴望作出某种决定的能力。黑格尔所讲的自由意志是超越人类个体的“绝对精神”的体现，是世界的本体；而康德意义上的自由意志则包括人的“一般实践理性”即个人的欲求能力在内。② 二者的根本差异在于：前者乃是一元论下的世界之本原，后者则包括二元论（在这里即体现为“纯粹实践理性”和“一般实践理性”的二元性）下的个人的欲求能力这一元；黑格尔在批判康德对“法”所作的定义时，也间接地谈到了这一点，他指出：依据康德对法所下的定义，“其成为实体性的基础和首要的东西的，不是自在自为地存在的、合乎理性的意志，而是单个人在他独特性中的意志”。③ 但是，就具体的生物人(Mensch)要成为合格的法律主体（Person）时，他必须具备自由意志这一问题而言，则黑格尔和康德各自所讲的“自由意志”又具有共性——即能够使生物人祛除不符合理性之要求的感性冲动，尤其是能够使他具备“伦理人属性”。④

综上，康德是在其“道德形而上学”（或拉伦茨所谓的“伦理人格主义哲学”）的范围内，黑格尔是在其“绝对精神”哲学（即一般所谓的“客观唯心主义”）的范围内分析法哲学和私法问题

---

① 参见全增嘏主编：《西方哲学史（下）》，上海人民出版社 1985 年版，第 204、296 页。

② 参见邓晓芒：《康德自由概念的三个层次》，载《复旦大学学报（社会科学版）》2004 年第 2 期，第 26 ~ 27 页。

③ ［德］黑格尔：《法哲学原理》，范扬、张企泰译，商务印书馆 1961 年版，第 43 页。

④ 德国学者罗尔夫·克尼佩尔在分析生物人必须具备自由意志才能成为法律主体这一问题时，也将康德和黑格尔各自所讲的“自由意志”作为同样的概念加以使用，不过，他更强调这两种哲学体系中的“自由意志”所具有的能够使生物人具备“经济人属性”的共性。详见［德］罗尔夫·克尼佩尔：《法律与历史——论德国民法典的形成与变迁》，朱岩译，法律出版社 2003 年版，第 77 页以下。

的，他们所谓的“人格”、“自由意志”以及康德所谓的“实践理性”至少在本文考察的范围内，是三个互相说明、大致可以共用的概念，① 其中，“人格”概念不是指由立法者创立的法律主体资格，在这个范畴体系中，这种“人格”（或“自由意志”、“实践理性”）毋宁指生物人可以成为具有理性之自然人的适格者属性。换言之，在康德和黑格尔看来，只有具备自由意志这一质的规定性的生物人才能成为法律上的主体，才能独立地行使权利、承担义务及责任，亦即在理性法则的约束下谋求自己的利益，并对自己的行为负责。

德国民法受到了康德和黑格尔的自由意志理论的极大影响：关于人作为法律主体的实证法规定应该建立在一个理性法上先验的、并且在未来也不可动摇的基础——自由意志——之上。萨维尼将自然人权利能力的赋予对象只限定为具有自由意志的生物人，他指出：“所有的法律都为道德的、内在于每个人的自由而存在。因此，人格人或法律主体的原初概念必须与人（即生物人）的概念相一致，并且可以将这两个概念的原初同一性表述为：每个人，并且只有每个人，才具有权利能力。”② 据此，德国民法确定了这一理念：“内在于作为种属物的人的道德的自由及其意志，该自由与意志的因素证明人有资格成为人格人。”③

就自然人的行为能力制度而言，从其在德国民法中的发生学意义来看，该制度所要求的适格者的理性乃是符合立法者要求的理性人（在财产关系中是经济人）的实践理性，而不是率性而为、随心所欲的任意。所以，自普鲁士普通邦法的第一章、第三章以来，德国制定的各民法典明确规定：“高度酗酒、酒醉昏迷、梦游、嗜睡等”状态因缺乏理性而被排除在自由行为之外。这也适用于具

① 参见刘永富：《黑格尔哲学解读》，中国社会科学出版社 2002 年版，第 3～4 页。

② ［德］罗尔夫·克尼佩尔：《法律与历史——论德国民法典的形成与变迁》，朱岩译，法律出版社 2003 年版，第 62～63 页。

③ ［德］罗尔夫·克尼佩尔：《法律与历史——论德国民法典的形成与变迁》，朱岩译，法律出版社 2003 年版，第 63 页。

有毫无目的、毫无益处地挥霍财产偏好的人。《帝国民法典第一草案说明书》明确指出："对于这种人，看来有理由担忧，即经由符合他日常所做的行为使得他本人和其家庭遭受窘境。"① 因此，在德国民法最初的规定中，除了生理上欠缺理性的未成年人和精神病人不具备（完全）行为能力以外，生理上具备理智但其行为方式不符合理性人之行为标准的浪费人、酗酒者、吸毒者等也往往被逐出完全行为能力人的行列，而被宣告为禁治产人。② 就被宣告为禁治产人的浪费人、酗酒者、吸毒者而言，其行为能力遭到了剥夺或限制，他必须接受监护人的管理。所以，行为能力的类型化以适格者的实践理性具备与否、完善程度为依据，自然人行为能力制度就是自由意志理论贯彻于自然人制度中的产物。

三、自然人行为能力的判断标准

（一）各种立法上影响划分的要素

自然人的行为能力通常是以意思能力为前提，行为能力的状况往往也决定于其意思能力的状况。"意思能力是指对自己的行为进行理解并能预见其后果的精神能力。"③ 自然人能够合理地理解自己行为的性质和结果，是判断其是否心智成熟、精神健全的关键。自然人意思能力的有无、高低，主要受自然人的生理条件影响。因而，各国立法在对自然人行为能力进行类型化设计时，均以其年龄、精神状态及其他个人条件作为主要参考因素，因为这些内在因素属于自然人的生理特性，对自然人的意思能力的有无及高低的影响最为直接和深远。

1. 年龄与智力发育状况

---

① ［德］罗尔夫·克尼佩尔：《法律与历史——论德国民法典的形成与变迁》，朱岩译，法律出版社 2003 年版，第 80 页。

② 此等有不良生活方式的人并不一定一概不具备完全行为能力，卡尔·拉伦茨指出：对于浪费人、酗酒者或吸毒者，仅当宣告禁治产有利于被其抚养的家属时，法律才许可宣告他们为禁治产人。参见［德］卡尔·拉伦茨：《德国民法通论》，王晓晔等译，法律出版社 2003 年版，第 138 页。后禁治产宣告制度被废止。

③ 罗玉珍：《民事主体论》，中国大百科全书出版社 1996 年版，第 63 页。

年龄是衡量一个人知识、经验及对事务的认识和辨别能力的主要标准。通常认为，一个人只有达到一定年龄后才能独立处理自己的事务，才知道自己的行为会产生什么样的法律后果。因此，各国立法都将成年及正常的智力发育作为赋予自然人行为能力的首要条件，只有那些成年且智力发育正常的自然人才具有完全的行为能力，得以独立实施有效的法律行为。而虽已成年，但智力状况存在缺陷，则不具有独立行为的能力。此外，自然人智力的发育与年龄的增长之间具有内在的联系，所以各国立法在确定自然人成年年龄时，均以本国人智力发育的一般情况作为参照，确定了不同的成年年龄。① 在美国法中，"无行为能力"(incompetence) 是法律特定用语，与"行为能力有欠缺"(incapacitated) 是有区别的。前者指心智能力"完全的丧失"②，后者则指个体心智能力全部或一部分的功能无法正常运作。在未受法院裁决前，避免使用"无行为能力"(incompetence) 一词指心智功能有欠缺的人。在认定行为能力是否欠缺时，美国法原则上是以年龄为"类型化"的行为能力标准，即个人只要达到法定成年年龄，直到死亡之前，都被"视为"有完全的行为能力，除非被法院依正当程序宣告为无行为能力人，而且美国法院能决定并宣告一个成年人为无行为能力人。③

由于美国判例法的体系，并没有统一的法典对"行为能力"进行定义。但在美国各州个别的立法和判例中，可以将"行为能力"有无的判断归纳为以下几个方面综合考察：（1）对外沟通与自主决定的能力；（2）监督代理人的能力；（3）自我负责的能力，其中以"自主决定"的能力，即"作决定的能力"(Decision-Making Capacity) 最为重要。而"作决定的能力"的概念与内涵随

① 大多数国家的立法将18周岁作为自然人成年并取得完全行为能力的年龄界限，但也有国家作出不同的规定。如日本民法中规定，年满20岁者为成年人。

② *Black's Law Dictionary*, West Publishing Co., 8th Edition, 2004, p. 2236.

③ 美国判例法一再表明，行为能力有无的判断标准属于"法律问题"(question of law)，并非事实问题 (question of facts)，其认定与剥夺均为法官专属的权力。

不同时期发生变化。最初，以当事人的身心状态，作为单一的判断标准，即以当事人是否处于某个特定的身心状态，如处于某种年龄，来衡量其行为能力的有无。所谓“作决定的能力”须具备：(1) 拥有一价值体系或目标；(2) 具备沟通了解资讯的能力；(3) 对于自己选择的本质与结果可以意识清楚地作出决定的能力。这一定义，是以本人长久习惯的价值为标准。因此，越来越多的州依据“当事人的实际行为表现”以决定一个成年人是否行为能力欠缺，而不是采取以往的标准：仅基于当事人处于某特定状态或存在特殊问题，如年老、罹患心理障碍或心智退化、罹患精神疾病或慢性酒精中毒等，将一个成年人判断为“欠缺行为能力”或“无行为能力”。① 新的理论认为应以个体是否“受心智能力丧失所苦”，作为判断基础，而不能仅基于当事人的生理或心理状态，将之判定为欠缺行为能力，如年老体弱或慢性疾病，并不意味着其必为无行为能力而需要予以监护。现今被普遍接受的观点是当个人苦于丧失一部分或全部的心智能力时，无论造成心智能力丧失的原因是什么，该个人就有可能需要监护人。②

2. 精神状态。

精神状态同样会对自然人的判断及意思能力产生影响。精神上的障碍，可能使自然人的感知、记忆、思维和情绪等精神活动失去正常状态，从而不能像正常的有理性的成年人那样去判断事务、表达意思。自罗马法以来，立法者始终将自然人的精神状态作为确定其行为能力的另外一个重要参考因素，对精神存在障碍的成年人之行为能力作了不同程度的限制。立法中所确认的精神障碍者，主要有两种不同的表现形态：一是由于疾病的原因而致精神丧失之人，如精神病人；二是精神耗弱之人，即虽未陷于疾病的状态，但同常

---

① *Black's Law Dictionary*, West Publishing Co., 8th Edition, 2004, p. 2621.

② Morris B. Abram, *Making Health Care Decisions*, *The President's Commission for the Study of Ethical Problem in Medicine and Biomedical and Behavior Research*, October 1982, pp. 57-59.

人相比意思能力存在明显不足的人。① 精神障碍程度不同的自然人，他们意思表示能力的强弱也不相同，因而，法律以此为据，赋予了他们不同的行为能力。

3. 其他因素。

依据自然人的意思能力来判断成年人是否构成行为能力欠缺之外，其他因素也是判断成年人是否构成行为能力欠缺的补充、辅助标准，对成年人的行为能力也有很大影响。自然人行为能力除了主要受自然人的年龄、智力发育程度和精神状态这些生理特性的影响外，还受到多方面社会性因素的影响，比如自然人的财力状况及生活自理能力、品性修养等社会性因素也对意思能力产生一定的影响。

意思能力和意志能力共同构成了自然人对所为法律行为的认识判断能力，这种能力是法律可资认定自然人具有行为能力的最低限度。判断成年人是否欠缺行为能力，应综合意思能力和意志能力两方面内容来考察。然而，这些因素是不断发生变化的，“自然人的行为能力是动态的过程，在人的一生中行为能力是个变数”②，由于生理条件或社会因素的影响，成年人很可能“后天”地由完全行为能力人“降”为欠缺行为能力的人。因此，对欠缺行为能力成年人的保护可以认定为是对某些成年人实行“监护的持续”。对于有些原本具有完全行为能力的成年人而言，在他们精神官能受到疾病损坏或因年龄而衰竭时，辨认自己行为的能力就会减弱或丧失，不能对自己行为的法律后果作出正确的预期和判断，他们就成为心神耗弱或丧失的欠缺行为能力成年人，需要法律的保护和援助，如对精神病人，法律一般限制其行为能力。而近年来随着人口高龄化的加快，老年痴呆症患者增多，成为一种新型欠缺行为能力的成年人，原有的制度对这类人顾及不到，他们的利益受到威胁，

① 参见《日本民法典》第 7 条、第 11 条。渠涛：《最新日本民法》，法律出版社 2006 年版，第 5 页；殷生根、王燕译：《瑞士民法典》，中国政法大学出版社 1999 年版，第 102 页。

② 李雅云：《民商法理论与实践》，机械工业出版社 2003 年版，第 77 页。

而且这一问题越来越突出。根据世界卫生组织和国际老年痴呆症协会提供的数字，目前全球有1800多万名老人患老年痴呆症，这些老年人的人身、财产权利之维护需要他人的援助。为解决这一问题，相应的法律制度需要改进。

意志能力标准主要是针对成年人而设立的。“尽管成年人对自己行为的性质和后果有所了解，也要看他是否能合理地、理智地控制自己的行为。自然人意志能力的有无、高低，还要受诸多的社会性因素影响，包括自然人的财力状况、品德修养、生活自制能力等后天或实然因素。”① 在现实生活中，经常会见到酗酒成习、挥霍成癖、吸毒成瘾、赌博成性等具有恶性嗜好之人，他们原本具有完全的行为能力，但因为沾染恶习导致其理性程度非常低下，长期处于精神异常状态之中，丧失了起码的意志力，缺乏对其行为的控制能力，在处分财产时无法正常地进行识别和判断，不能有效地保护其个人利益，或者有可能给他人的合法权益造成损害，这也可以认为其在一定程度上欠缺行为能力。各国立法为了更好地保护行为人个人及其家庭成员的合法利益，维护正常交易活动的安全，对自然人（主要是成年人）的行为能力进行了不同程度的限制。② 例如，《意大利民法典》第415条规定，对给自身或者家庭造成严重经济损失的浪费人、酗酒成性之人、吸用毒品成瘾之人、先天性聋哑人、盲人及自幼失聪失明之人可以宣告为准禁治产人，即限制行为能力人。③《瑞士民法典》第370、371条规定，生活放荡及不善经营者、成年人被处1年以上徒刑者、成年人被证明年老体衰或有其他疾病而不能处理自己事务者，均应当或可以交付监护，对其行为能力进行限制。④

---

① 李雅云：《民商法理论与实践》，机械工业出版社2003年版，第67页。

② 高晓春：《论自然人的行为能力》，载《甘肃社会科学》2004年第1期。

③ 费安玲、丁玫译：《意大利民法典》，中国政法大学出版社1997年版，第117页。

④ 殷生根、王燕译：《瑞士民法典》，中国政法大学出版社1999年版，第102页。

（二）判断标准的确定

传统民法重视意思能力对行为的影响，认为意思能力是行为能力的基础，因此，有意思能力则有行为能力。而意思能力主要根据年龄、智能和精神状态而有所不同，这也是通俗意义上对行为能力划分的标准。无行为能力人不能为法律意义上的行为，无法通过自己的行为实现自己的主体资格。限制行为能力人只能为部分行为，在部分领域实现自己的主体资格。因此，现代法律直接或间接地为无行为能力人和限制行为能力人规定监护人，实现他们的主体资格。由于监护制度的宗旨是实现被监护人的主体资格，保护他们的人身和利益，监护人只能在有利于被监护人的行为范围内选择监护方式。本书认为意思能力仍是判断行为能力的重要标准，不应纳入体力、财产能力的因素。虽然有不少的学者提出身体能力可以作为判断行为能力的标准，但不具有可行性，主要因为：第一，违背民法中的公平原则。体力不应该也不能剥夺意思能力状态正常的人以其行为去实现其意思的权利。例如，如以体力为判断标准，则妇女将会由于体力的原因丧失从事某种行为的资格，这显然违背男女平等的要求，这也是罗马法上的妇女监护被废除的原因。第二，体力与行为能力没有必然的联系，因体能的原因而缺乏自理能力和处理事务的能力，只是应受到现代成年人保护的原因，而不能限制其行为能力。第三，体力的衡量与判定不具有客观性，体力将会随着年龄、疾病、精神状态等多种因素而变化，无法客观地判断民事主体在不同时期内的体力大小的不同，没有客观的判断标准。

四、权利能力与行为能力

在现代民法中，人们通常认为人自出生起获得权利能力，在死亡时丧失这种能力；而行为能力，换言之，是为了处置自己的财产而缔结法律行为的可能性，在成年时获得，在死亡时丧失，不过特殊的情况，例如患精神病，可以导致对行为能力的限制或排除。

权利能力只是得以享有或承受法律关系的资格，不意味着一切权利、法益或法律关系会对权利主体自动地发生。民法上，一些权利（如生命权等人格权）是自动发生的，更多权利，尤其是物权和债权，需要借助特定的权利发生或变动原因，这些法律原因，或是自然事实，或是人的行为。当权利主体要以行为发生或变动法律关系时，在民法上还需要具备另一种能力：广义行为能力，包括《德国民法典》中承认的法律行为能力和侵权行为能力以及其他责任能力。① 一个权利主体具有权利能力，能够享有权利和承担义务，但是如果没有广义行为能力，则不能通过自己的行为取得这些权利和义务。所以，与行为能力相比，权利能力只是一种静态的资格归属，属于归属规范的一类。权利主体即使自己没有行为能力，赋予其权利能力也有重要意义，因为他可以因此取得法律效果。所以，拉伦茨说，确定某人具有权利主体资格，意味着将通过行使权利所获得的利益归属于权利主体。②

行为能力与权利能力的区别是，权利能力是指民事主体担当法律关系主体的资格，行为能力指民事主体能否自己为有效法律行为并取得其效果的资格。二者是法律关系主体资格与有效法律行为主体（一类法律事实主体）资格的区别。但是现代法上，由于自然人主体资格平等，自然人同时享有行为能力与权利能力，不存在只具有行为能力而不具有权利能力的现象。③

行为能力是与私法自治有密切联系的一个概念，是指“法律所认可的一个人可进行法律行为的能力。”④ 梅迪库斯对行为能力的定义是：“理智地形成意思的能力”。⑤ 我国台湾学者王泽鉴则认为行为能力是一种资格，即“得以独自的意思表示，使其行为发

① 参见［德］迪特尔·梅迪库斯：《德国民法总论》，邵建东译，法律出版社 2000 年版，第 782 页。

② 参见龙卫球：《民法总论》，中国法制出版社 2002 年版，第 166～167 页。

③ 参见龙卫球：《民法总论》，中国法制出版社 2002 年版，第 224 页。

④ ［德］卡尔·拉伦茨：《德国民法通论》，王晓晔等译，法律出版社 2003 年版，第 123 页。

⑤ ［德］迪特尔·梅迪库斯：《德国民法总论》，邵建东译，法律出版社 2000 年版，第 409 页。

生法律上效果的资格”。① 他进一步解释说：“法律行为系实践私法自治的手段，私法自治的理念在于个人自主及自我负责，因此行为能力须以行为人具有对于事务有正常识别及能预见其行为可能发生如何效果的能力（意思能力、识别能力）为前提。”② 依传统的民法规定，自然人的行为能力分为三级，即有行为能力、限制行为能力和无行为能力，区分依据是自然人的意思能力及识别能力的高低。“可认为民法关于无权代理、无权处分及限制行为能力人之法律行为的效力规定属于由私法自治原则具体化下来之类型，其共通特征在于以私法自治原则为其规范设计上之‘价值判断面’的基础。”③ 古代法上身份的要求逐渐褪色，不再成为主体资格的判断标准。现代法律追求公正，则必须考虑到个人非理性和受到束缚的一面，给予缺乏自由能力的那部分人以特别的照顾，给予他们倾斜性待遇，以尽可能使他们达到理论上预想的圆满状态。而现代成年人保护制度的设立则充分尊重被保护人的意思自治，体现了私法自治原则在保护行为人的行为能力方面的作用，从动态上对社会弱者的主体资格给予特别关怀并保障弱者的行为能力的充分施展。

第二节　成年人保护制度的设立动因：意思能力的欠缺

民法理论认为，私法上的权利义务关系依据行为人自由意思而形成，即所谓“私权自治原则”，无意思能力人，例如婴儿、精神病患者，其行为无效。显然，传统的成年被监护人是因为意思能力的欠缺而被列为限制行为能力的对象的。也就是说，最初设立成年人监（保）护制度的动因在于民事主体的意思能力的欠缺，在此有必要深入分析一下意思能力的相关理论。意思理论始于 19 世纪的德国法学界。该理论认为，人们是基于对自己利益的判断而实施

① 王泽鉴：《民法总则》，中国政法大学出版社 2001 年版，第 312 页。

② 王泽鉴：《民法总则》，中国政法大学出版社 2001 年版，第 312 页。

③ 黄茂荣：《法学方法与现代民法》，中国政法大学出版社 2001 年版，第 485 页。

以契约为中心的法律行为的，这种对法律行为效力的解释即称为意思理论。意思能力是意思理论中最重要的法理，指自然人判断自身行为的意义与结果的能力。①

一、意思能力的传统定型化

意思能力，为自然人认识自己行为的动机与结果，并根据此认识决定其正常的意思之能力，瑞士民法称其为判断能力。② 德国民法及日本民法实务认为缺乏意思能力的人实施的法律行为无效，是因为根据私法自治原则，民事主体以自己的行为为其设定权利义务关系，乃是基于自主的意思自治能力而产生的。英国对于无意思能力者的定义为："（1）为意思决定之必要事项，因精神障碍之故无法为该意思决定者；（2）因丧失意识或其他事由之故无法传达有关（1）之事项之意思决定内容者。"此处包括无法理解相关意思决定之事项者，或根据意思决定事项而实际上无法为意思决定者以及到意思决定之时为止仍无法记忆该事项者。③ 美国《第二次合同法重述》和有关司法实践认为，精神上的缺陷所致的能力丧失可以由多种原因引起，包括思维和行为迟钝、精神病、大脑损坏、老年性大脑退化以及饮酒等。证明其能力的丧失必须具备三项条件：一是这个人有精神上的缺陷；二是另一方已经意识到了这种缺陷；三是对前者来说，这一交易并不是一个有正常智识能力的人会从事的交易。此外，美国也存在着法院将特定的人宣告为无行为能力人并为其指定监护人的制度。④ 不同民事主体形成意思能力的情况不同，但自然人的行为是意志的表现，"主体意志之表示成为行为的主观条件包括形成意志的心理基础和表示意志的生理基础"。⑤ 实

① 参见邓曾甲：《日本民法概论》，法律出版社 1995 年版，第 20 页。

② 参见梁慧星：《民法总论》，法律出版社 1996 年版，第 59 页。

③ http://www.legislation.gov.uk/ukpga/2005/9/contents, last visited on October 28, 2011.

④ Restatement (Second) of Contracts, § 12- § 16, http://caseandcontroversy.com/Statutes/restat.pdf, last visited on November 10, 2011.

⑤ 李锡鹤：《民法原理论稿》，法律出版社 2009 年版，第 430 页。

际上每个人具体的心理能力和生理基础不同，而便捷交易和维护交易安全要求决定了“一个人在从事每一项法律行为之前，不可能对行为相对人或行为相对方进行某种形式的‘成熟测试’”。① 于是，为了使意思能力在一定程度上具有衡量的标准和可预测性，出现了意思能力的定型化，以年龄和精神状态将自然人划分为不同类型的民事行为能力人。

“意思能力是法学家提出的概念，通常被归入民事能力，其实不属于民事能力，也不属于法律能力，而属于心理能力，是一种事实能力——亦‘天然能力’，相对于‘法定能力’——是法律能力的主观条件。”② 传统民法上无民事行为能力人被认定为在任何情况下无意思能力，并未区分法律能力和事实能力，不论其有可能出现的有意思能力或暂时缺失意思能力的具体情况，一概以法律上的划分界定法律行为的效力。在此种传统做法之下，对定位于无行为能力的未成年人来说，可能出现特定的、已具备形成意志的心理能力和生理能力的情况，但由于法律的强制划分而被纳入非完全民事行为能力人的范畴。如幼儿从事与其日常生活密切相关的、社会习惯认可的行为，被一概认定为无民事行为能力人，其行为必然无效，并且需要通过监护制度来完成一系列的法律行为，这是将具体的事实能力与法定能力混同的结果，并未分离出无行为能力人在特定情况下有意思能力的状态。

然而，对定位于有行为能力的成年人而言，则可能出现如下情况：

第一，有表示意思的心理能力而欠缺意思表达的生理能力。新《法国民法典》第 490 条第 2 款规定：“身体官能受到损坏的情况，如妨碍当事人表达其意志，亦适用相同的保护制度。”即设置成年人的司法保护，虽然受司法保护的成年人行为未受到限制，但是第 491 条第 2 款规定：“置于司法保护的成年人订立的契约与缔结的

---

① ［德］迪特尔·梅迪库斯：《德国民法总论》，邵建东译，法律出版社 2000 年版，第 410 页。

② 李锡鹤：《民法基本理论若干问题》，人民出版社 2007 年版，第 93 页。

义务，可以因‘显失公平、受到损害’而取消，或者在负担的义务过分的情况下，得减少之，甚至在依据第489条之规定不能撤销此种契约与义务的情况下，亦得因负担过分而减少之。”这意味着其行为效力在一定程度上减弱，由有效转变为可撤销，行为能力状态发生变化。我国立法对此情形未作区分。如当行为人心智健全，但有全身瘫痪、双目失明、既聋又哑的情况，虽然有形成意思的心理能力却无行为能力，此时的意思能力状态不能全然等同于行为能力。

第二，因自己故意行为而暂时欠缺意思表达的生理能力和表示意思的心理能力。在英美法上，酗酒者所订立的合同原则上可以撤销，但“一般认为，酗酒者必须于行为时，因酒醉而无法了解交易的性质及结果，或其他与交易有关的行为，且能证明相对人明知其酒醉的情形而仍与其缔约，该合同方可撤销”。而且，“于酒醉而神志不清时所缔结的契约，已于神志清醒后予以确认的，尔后不得再以缔约时属酒醉状态为由而主张撤销该合同”。① 我国传统民法不认为在因自己过错而将自己置于暂时无意思能力（一时的无控制和辨识能力）的情况中自然人为无民事行为能力人，其实施的法律行为仍然有效。当然，从现代成年人保护制度的设立角度而言，由于其以尊重自主决定权为理念，对于有酗酒、吸毒习惯因意志薄弱而导致自己陷入尴尬境地的人也不应纳入成年人保护的对象范畴之中。我国《侵权责任法》第33条规定：“完全民事行为能力人对自己的行为暂时没有意识或者失去控制造成他人损害有过错的，应当承担侵权责任；没有过错的，根据行为人的经济状况对受害人适当补偿。完全民事行为能力人因醉酒、滥用麻醉药品或者精神药品对自己的行为暂时没有意识或者失去控制造成他人损害的，应当承担侵权责任。”可见，在未明确区分责任能力与行为能力的前提之下，即使是新出台的侵权责任法也仍旧将因醉酒暂时不能控制自己行为的人认为具有完全的行为能力，应当对自己的行为独立

① Restatement (Second) of Contracts, §16, http://caseandcontroversy.com/Statutes/restat.pdf, last visited on November 10, 2011.

承担责任。

二、意思能力与行为能力的关系

对于意思能力与行为能力的关系，各国主要有两种不同的立法模式：

1. 意思能力是行为能力的判定要件和基础，是从属于行为能力的判断标准。

有学者指出，自然人的行为能力是否必须以其具备意思能力为要件，民法学说及立法上所采不同。“法国学者认为，人的‘能力’（即相当于我们所称的‘行为能力’，法国民法典中的‘法国人资格’则相当于我们所称的‘权利能力’）是由‘天然能力’和‘法定能力’两部分组成的。‘天然能力’即意思能力，‘法定能力’是指《法国民法典》第488条：满21岁为成年，达到此年龄后除‘结婚’一章规定的例外外，有能力为一切民事生活上的行为中规定的‘能力’。人必须同时具备‘天然能力’（意思能力）和‘法定能力’（特定的年龄），才能够使其行为发生法律效力。《瑞士民法典》第13条也规定，‘成年且有判断能力的人有行为能力’。”①

2. 意思能力与行为能力相互独立、并列。

德国民法则将意思能力视为意思表示有效之要件而非行为能力取得之要件，欠缺意思能力的人只是意思表示不发生效力，但与其有无行为能力无关。②《德国民法典》第104条规定：“下列诸人，不具有行为能力：A. 未满7周岁的人；B. 处于精神错乱状态之下，致使自由的意志决定被排除的人；但此种状态依其性质为暂时的除外。”《德国民法典》第105条规定：“无行为能力人进行意思表示的，其意思表示无效。在无意识或在暂时的精神错乱状态下进

① 陈历幸：《民法的理念与运作》，上海人民出版社2005年版，第137页。

② 参见胡长清：《中国民法总论》，中国政法大学出版社1997年版，第74页；徐开墅主编：《民商法辞典》，上海人民出版社1997年版，第766~767页。

行意思表示的，其意思表示无效。”① 《日本民法典》起草人认为意思能力的法理不言自明，在民法中未对其予以定义规定，但实务与学者通说认为，缺乏意思能力的人（无意思能力人），即使有行为能力，其法律行为亦应认定为无效。②

两种不同的立法态度，其实质在于对意思能力的定位不同：将意思能力作为辨认行为后果的抽象能力，则意思能力构成行为能力的基础，不可能出现有意思能力而无行为能力的情况，两者的判定标准是同一的即年龄与精神状态。而如果将意思能力作为实施具体法律行为时的事实能力，则有可能出现有行为能力人暂时无意思能力的状态，即意思能力在特殊情况下独立出来。申言之，意思能力的抽象化或具体化的认定是造成民事主体的行为能力与意思能力不同相互关系的原因。被定位为抽象概念的意思能力则不能独立于行为能力，而必然成为行为能力的判定标准；但定位为具体概念的意思能力则脱离于行为能力而存在，有可能出现行为能力与意思能力并不一致的状态。传统的法律上意思能力被认定是一种概括的、相对稳定的状态，对于同一民事主体在不同情形下其意思能力是相同的，这将会导致传统行为能力制度难以应付多变的社会生活，不具有灵活性和实用性。

三、意思能力的独立之探讨

在私法领域之中，根据意思自治原则，行为人可按照自主意思对自身设定权利义务关系。只有具备判断自身行为的意义与结果的能力者，才能够自由地选择设立、变更、消灭与之相应的权利义务关系，使该行为发生法律上的效力；不具备这种能力的民事主体，其行为就应当无效。那么究竟意思能力能否独立于行为能力呢？

1. 否定意思能力的独立。

---

① 陈卫佐译：《德国民法典》，法律出版社 2006 年版，第 33 页。

② 参见［日］四宫和夫：《日本民法总则》，唐晖、钱孟珊译，台湾五南图书出版公司 1995 年版，第 52 页。

有学者认为“法律上将意思能力以行为能力制度全面定型化似更有利于交易秩序的维护”。① 也就是将意思能力作为行为能力的判断标准。我国当前的民事立法上没有关于民事主体意思能力的法律规定，司法实践中一般也不具体考虑行为人的意思能力，这实际上是行为能力制度代替了意思能力制度，将两者作同一性衡量，否认意思能力独立性的表现，也是传统的民法采取的做法。民事主体是否具备与其所为行为相应的意思能力，应当就其所为的行为，参考行为人（仅指自然人）的年龄、智力水平、精神状况等因素作具体判别。意思能力所指向的是民事主体特别是自然人在特定情况下的一种具体状态，属于事实问题的范畴；但是在实践中，具有较大的不确定性，容易造成举证困难、认定程序复杂等弊病，影响交易安全。为保护行为人与相对人的利益，民法设置了“行为能力”制度，即以自然人达到一定年龄且精神正常为标准，规定符合这一标准者具备行为能力，其所为行为发生法律效力；不符合这一标准者不具备行为能力，其所为行为不发生法律效力。也就是说，法律以一种概然性的方式，认定自然人达到一定年龄且精神正常者在通常情况下即应当具备与其所为的各种行为相应的意思能力，未达到一定年龄或精神不正常者则通常不具备与其所为的各种行为相应的意思能力。因此，行为能力制度是从形式上给判断意思能力的有无规定了一种整齐划一且易于辨认的法定尺度。② 对此，显然缺乏对于特定情况下意思能力的分析，难以确保个案中的公平与正义。

2. 肯定意思能力的独立。

有学者认为“行为能力制度的确立并不意味着对意思能力制度的取代，两者应处于一种互相平行而密切联系的地位：通常情况下，仅须考虑当事人是否具备行为能力，有行为能力者即推定为有意思能力，其行为有效；在某些特殊情况下，则可以通过认定行为

---

① 尹田：《自然人的行为能力、意思能力、责任能力辨析》，载《河南省政法管理干部学院学报》2001 年第 6 期，第 13 页。

② 陈历幸：《民法的理念与运作》，上海人民出版社 2005 年版，第 135～136 页。

能力与意思能力存在不一致而改变当事人行为的法律后果，从而更好地贯彻只有具备判断自身行为的意义与结果的能力者才能够使该行为对其发生法律效力的意思自治理念。"① 这种主张是将意思能力特殊化、具体化，将行为能力与意思能力分离，并非将无行为能力人的任何行为全面排除在社会生活之外，也关注完全行为能力人在暂时缺失意思能力时的法律行为，保证个案适用的准确度，追求实质上的公平和正义。意思能力的独立，将意味着行为能力的判断标准在特定情形下发生变化。"幼儿并无行为能力，但如果他的行为与其日常生活密切相关而且社会习惯认为是必要的（包括小额买卖和小额捐赠等行为），则可以认为他在为上述行为时具有相应的意思能力，从而使其行为有效。"② 不可否认，无民事行为能力人不能脱离于社会生活而存在，在日常生活中需要从事必要的行为，来满足其基本的生活需要。对于其提出这一问题，可以通过改变无民事行为能力人的日常必要行为的效力来解决。

四、成年人保护制度的设立与行为能力、意思能力的关系

有学者指出，日本法上新设立的成年辅助制度与以往的行为能力制度相比较而言，具有以下特征："第一，不是整齐划一地决定保护的内容和范围，而是根据当事人的选择灵活地认定。具体体现为：在启动辅助的审判之外，另根据当事人的请求赋予同意权、代理权中的一种或两种，并且必要的同意权、代理权的范围也根据当事人的请求决定。第二，即使进行启动辅助的审判的情形，被辅助人的行为能力不一定就受到限制，在仅有赋予辅助人代理权的审判的情形，被辅助人无须辅助人的同意，可以自由地实施法律行为。像这样，由于民法承认行为能力不受限制的被辅助人，因此与以往不同，成年监护制度不再是单纯的行为能力限制制度了。"③ 日本

① 陈历幸：《民法的理念与运作》，上海人民出版社 2005 年版，第 136 页。

② 陈历幸：《民法的理念与运作》，上海人民出版社 2005 年版，第 137 页。

③ ［日］山本敬三：《民法讲义》，解亘译，北京大学出版社 2004 年版，第 50 页。

设立的成年辅助根据本人的需要灵活设置，而且并不限制被辅助人的行为能力，被辅助人仍有权从事法律行为。

在未来民法典中建立一个科学性、体系性完备的现代成年人保护制度，需要体现出意思自由、同等对待、分层保护的特点。通过上述分析，笔者认为现代成年人保护制度的设立与行为能力、意思能力、传统成年人监护制度之间有着不同的关系：第一，意思能力的欠缺与行为能力的判断并非存在必然的一一对应。通常状态下行为能力以意思能力为判断基础：民法传统上的行为能力以意思能力为判断基础，有意思能力则有行为能力，无意思能力则无行为能力。但两者不可绝然等同，在特殊情形下意思能力可脱离于行为能力统摄的范畴之外。第二，行为能力的类型与传统的成年人监护方式却未能相匹配：传统的成年意思能力欠缺者的保护，采取设立成年监护的单一措施，来保护两种行为能力欠缺类型的人——无民事行为能力人、限制民事行为能力人，虽然这两种类型的人行为能力欠缺的程度不同，但设立的保护方式却是相同的，成年监护人的权利义务也相同，仅仅是无民事行为能力人的法律行为无效，限制民事行为能力人的法律行为效力待定。第三，现代成年人保护制度建立的动因应当转变为不仅因为意思能力的欠缺，甚至是有意思能力而不能处理自己事务的情形。这意味着成年人保护的范围需进行扩张，不仅限于意思能力有欠缺的成年人，还应包括有意思能力却处于弱势的老年人、身体障碍者，帮助其维持生活正常化、实现自己意志和自我价值，能够从现代成年人保护制度中获得有效救济。第四，现代成年人保护关系的设立不一定与行为能力的欠缺相联系。相对应的保护方式将以尊重意思自治和最少限制为导向，根据被保护人的具体情形设置弹性保护模式，不再硬性剥夺行为能力。由此，行为能力的欠缺与现代成年人保护制度的设立并非存在着必然的逻辑推导。

应当说，在我国建立现代成年人保护制度需要区别于以限制行为能力为诉求的传统模式，于是对这一制度设立的原因重新作出定位，将更有利于实现我国处于弱势的成年人合法权利得到制度性的有力保护。

第三节　欠缺意思能力的成年人保护

传统民法理论认为法律行为之本质乃意思表示。① 法律行为强调的是行为人的意思、意图，并根据这种意图去追求法律效果。因此意思表示的健全与否、品质如何就直接对法律行为的成立与生效产生重大影响。而意思表示健全，其前提就是主体的理性。意思能力欠缺者由于心灵、精神、智力上的原因而导致缺乏一定的意识和思维，其法律行为的效力也就发生了变化。而且这种欠缺意思能力的状态必须处于常态才属于通常意义上的欠缺行为能力人。

民事主体的行为效力，依法律行为理论，传统上划分为无效、可撤销和效力未定三种类型。对于欠缺生效要件的法律行为，王泽鉴先生认为："其欠缺的要件，如属有关公益，则使之无效。如仅有关私益，则使之得撤销。如仅属于程序（如未得他人同意）的欠缺，则使之效力未定，俾资补正。"② 如何确定行为效力关系到对欠缺行为能力人的保护，使之归于无效、可撤销还是待定状态？确实是一个值得悉心揣摩的问题。

一、日常生活中必要行为的有效性

理论上来说，无行为能力人与限制行为能力人虽有年龄区别，但在行为方面均有某些不定范围内的自主能力。从行为人角度而言，在某些范围内，如日常生活和学习所必需的范围内，其"所实施的与其日常生活密切相关的行为，一般也应当承认其效力，而不能认定无效"。③ 该行为与限制行为能力人之相同行为应具同一效果。我们知道，未成年人，实际上多半欠缺独立进行交易的能

① 参见董安生：《民事法律行为——合同、遗嘱和婚姻行为的一般规则》，中国人民大学出版社 1994 年版，第 96 页。

② 王泽鉴：《民法总则》，中国政法大学出版社 2001 年版，第 476 页。

③ 王利明：《中国民法案例与学理研究》，法律出版社 2003 年版，第 191 页。

力，日常生活用品，由父母亲（法定代理人）供给，重大合同（如不动产买卖合同）的订立，也由法定代理人代理为之，纵然不赋予其自行订立合同的机会，使之行为无效也不会有太多问题，相对人仅从外观、外表上误信其有行为能力而订立合同的可能性很低。然而，对于欠缺行为能力的成年人，情形就大有不同。“心神丧失或精神耗弱的成年人，经常仍然能够处理日常事务，如购买日常生活必需品、寄信、打公用电话，如果认定其行为无效，未必就是保护之道，相对人也未必知悉其欠缺行为能力的事实，否认其行为的效力，有害交易安全。”① 因此针对欠缺行为能力人的涉及日常生活的特定行为，应当维护其合法效力。这样立法的宗旨在于：（1）维持生活正常化理念的需要。根据正常化的理念，为了尽可能使成年被保护人过上正常的生活，就要求尊重其就涉及日常生活的行为所作出的决定。（2）通过保护相对人来确保过日常生活的可能性。如果涉及日常生活的行为没有被撤销的危险，那么相对人就可以安心地与成年被保护人订立契约。其结果，成年被保护人自己就能够容易地过日常生活了。② 那么对涉及日常生活的行为的含义如何界定呢？日本学者对此存在争议：（1）准据日常家事说。该说认为，日常生活的行为是指本人生活通常所必要的行为。具体的包括日用品购买，电、煤气、自来水等费用的支付，以及为支付这些费用而在必要的范围内提取存款的行为。（2）必要行为限定说。“涉及日常生活的行为”应当相当于购买日常生活用品那样的、日常生活所必不可少的行为。③ 具体的如买饮料、付电话费等，而不包括买电视机等大件商品的行为。应当采纳与被保护人日常生活密切相关的行为的标准，来保证被保护人能够进行最低限度的日常生活。很显然，对于欠缺行为能力人所进行的涉及日常生活

---

① 陈自强：《民法讲义Ⅰ：契约之成立与生效》，法律出版社 2002 年版，第 174 页。

② ［日］山本敬三：《民法讲义》，解亘译，北京大学出版社 2004 年版，第 41 页。

③ ［日］山本敬三：《民法讲义》，解亘译，北京大学出版社 2004 年版，第 41 页。

的特定行为应当是指与行为人日常生活紧密相关的行为，采取“必要行为限定说”为宜。因此笔者建议：欠缺民事行为能力人（无行为能力人和限制行为能力人）所从事的日常生活①和学习所必需的行为，不得撤销。

二、纯获利益行为的有效性

《德国民法典》第1903条规定，如果该行为给被照护人单纯地带来利益，或者涉及日常生活琐事的，监护法院不得将其归于同意保留的事项之中。② 也就是说德国的照护人尊重被照护人的意思表示，只是为避免被照护人的人身或财产遭受重大损失，监护法院依据其个别情形，设置同意保留权。在同意保留的范围内，被照护人对该事项的意思表示，须经照护人同意。当涉及给被照护人带来单纯利益或只是影响日常生活琐事的，被照护人有权自由进行该行为。新照护法将以前的剥夺行为能力的禁治产宣告制度废止，只要本人不是处于无意识或精神错乱时，仍可为有效的法律行为，这体现了一种以尊重行为人意思自主权、保护弱者为价值理念的立法趋势。

目前，我国《最高人民法院关于贯彻执行〈中华人民共和国民法通则〉若干问题的意见（试行）》规定，无行为能力人和限制行为能力人有权接受奖励、赠与、报酬，他人不得以行为人无民事行为能力或限制行为能力为由，主张以上行为无效；而《合同法》第47条规定，限制行为能力人纯获利益的合同不经法定代理人追认也有效。在理论界有许多学者主张，对无行为能力人也应适用这一规则。③ 王利明先生指出：“从进行纯获利益的活动来说，行为人是否有足够的判断力，是否能够认识到行为的后果，对于行为人

---

① 如利用自动售货机，利用公共交通工具，进入游园场所及订立餐饮合同等日常消费行为。转引自梁慧星：《民法总论》，法律出版社1996年版，第95页。

② 陈卫佐译：《德国民法典》，法律出版社2006年版，第567页。

③ 参见崔建远主编：《合同法》，法律出版社2003年版，第70页；李永军：《民法总论》，法律出版社2006年版，第231页。

的利益并无妨害。因此法律承认限制民事行为能力人可以进行纯获利益的活动，同理也应承认无民事行为能力人实施的纯获利益的行为的效力。这样更符合法律保护未成年人利益的精神。”① 值得注意的是，《最高人民法院关于贯彻执行〈中华人民共和国民法通则〉若干问题的意见（试行）》第6条对纯获利益行为采取了列举规定的方式，容易挂一漏万，并且未抽离出“纯获利益”的实质要件，在逻辑上并不严谨，笼统地将接受赠与认定为纯获利益行为，但当赠与附有对限制行为能力人不利的负担时，对这种赠与的接受就不是纯获利益，而不能将之认定为有效。纯获利益的行为，不是仅在结果上给当事人带来了利润，而是考察其是否对当事人产生了法律上的负担。这种负担可以是一项义务，也可以是丧失一项权利。也就是说是否具有纯粹的利益，应从法律意义上评价，而不能仅仅从经济利益上来判断。如“承诺不附负担的赠与、承诺订立免除限制行为能力人的债务的免除合同的要约、接受不附负担的遗赠、先占无主物”② 等。笔者建议立法条文应修改为：欠缺民事行为能力人从事纯获利益（如取得权利、免除义务等）的行为有效，相对方和法定代理人均不得撤销。

三、欠缺意思能力的成年人的行为的效力

成年意思能力欠缺者，属于非完全行为能力人，包括传统的限制行为能力人和无行为能力人。

（一）关于无效

我国《民法通则》规定，无民事行为能力人实施的民事行为无效。在美国，根据普通法院在早期的审判实践中创立的规则，当合同一方是未成年人时，该合同可以由未成年人撤销。这意味着，当合同一方是未成年人时，合同可以成立，但未成年人可以以自己的选择否认合同的效力。关于因精神缺陷而无缔约能力的精神病人

---

① 王利明：《中国民法案例与学理研究》，法律出版社2003年版，第192页。

② 参见［德］卡尔·拉伦茨：《德国民法通论》，王晓晔等译，法律出版社2003年版，第144页。

订立的合同的效力，美国法院曾经判决，一方为精神上无能力的人的合同是无效的，因为这种合同缺乏双方主观上的合意。然而，在现代的审判实践中，美国法院通常判决，此种合同不是无效的，而是可由精神上无能力的一方撤销。这一规则被《第二次合同法重述》第15条采纳。①

无效制度处理的法律关系是私人行为与国家利益和社会公共利益之间的关系。如果私人间的民事行为仅涉及私人利益，则不可将之纳入无效的价值评价范围。无民事行为能力人因自己智力方面相对于完全行为能力人的不足或处于弱势，可能对自己在试图建立的法律关系中的法律利益之损益缺乏应有的认知，甚而在许多情况下建立起对自己不利的法律关系。但无论他们在这样的法律关系中是受益还是受损，这都是直接关乎私人利益的事情，法律上不应作出无效评价。所以，无效法律制度在以行为能力为考量因素的法律关系价值评价中，无适用的余地。行为人具有行为能力仅为其合同完全有效的条件，而不具有缔约能力或不具有完全缔约能力并不意味着合同绝对无效，而应属于可撤销的合同。如立法作此种规定，方能实现无民事行为能力人和对方当事人两种基本利益的平衡，较之民法通则和合同法对无民事行为能力人行为的完全否定，更能全面反映民事生活的实际情况。由此可见，如果将受监护人的行为效力僵化地视为无效，看似是一种保护，实质是一种排斥，是将这一群体所为的意思表示排斥于法律认可之外，视其行为自始、完全、当然无效，是一种消极的、僵化的保护。“当一个近乎完美的行为跨过重重民事法律原则、制度之后，只因主体行为能力的不完全而不由辩说地被宣告无效，且是自始、完全、当然的无效，何为保护？”②

按照日本学者我妻荣的说法，传统民法中对于无行为能力人的

---

① 参见王军：《美国合同法》，中国政法大学出版社1996年版，第71、72、86页。

② 张强：《民事行为能力制度的反思与重构》，载《法学论坛》2005年第5期，第96页。

法律行为相对无效的规定甚至应当向相对有效方向发展。他指出：传统民法对无行为能力人的行为可撤销之规定“一方面对意思表示能力充分的人予以完全的保护，另一方面使对方有所警惕预防”。这一规则使得“无行为能力人认为其行为对自己有利则主张其行为的效果，感到不利时，可以撤销，主张其无效。而且此撤销权至少从行为开始5年以内可以行使。这种做法，不但把对方置于长时间不确定的状态，以此为基础的一般社会交易关系也将置于不安定的状态”。他认为，在现代社会中，“无行为能力的制度过分偏重保护其本人时，则会产生给对方意外的损失，甚至威胁到一般经济交易的安定”，因此有必要使此类行为经较短除斥期后即为有效，以“保护无行为能力人的对方”。① 由此可见，有行为能力原则及其效力规定的目的和作用并不在于禁止无行为能力人的行为，而在于保护无行为能力人的利益，为其设置补救措施。世界各国民法中对于无行为能力人的法律行为的效力规定较为复杂，并设置种种例外规则均仅出于这一立法目的。它同时为监护人协助无行为能力人补救其不合理意思表示提供了依据；相反，对此类行为规定为绝对无效却不利于保护无行为能力人的利益，在许多情况下甚至会损害其利益。在民法理论中，尤其应避免对法律行为效力规则作不合理的解释，它会导致对立法精神的曲解，影响立法精神的实现。②

（二）关于效力未定

我国《民法通则》第12条规定：“10周岁以上的未成年人是限制民事行为能力人，可以进行与他的年龄、智力相适应的民事活动；其他民事活动由他的法定代理人代理，或者征得他的法定代理人的同意。不满10周岁的未成年人是无民事行为能力人，由他的法定代理人代理民事活动。”第13条规定：“不能辨认自己行为的

---

① 参见法学教材编辑部：《外国民法资料选编》，法律出版社1983年版，第191、198页。

② 参见董安生：《民事法律行为——合同、遗嘱和婚姻行为的一般规则》，中国人民大学出版社1994年版，第201～202页。

精神病人是无民事行为能力人，由他的法定代理人代理民事活动。不能完全辨认自己行为的精神病人是限制民事行为能力人，可以进行与他的精神健康状况相适应的民事活动；其他民事活动由他的法定代理人代理，或者征得他的法定代理人的同意。”《民法通则》第58条第1、2款对行为能力有瑕疵者所为法律行为的效力作了规定：下列民事行为无效：（1）无民事行为能力人实施的；（2）限制民事行为能力人依法不能独立实施的……《合同法》第47条第1款规定：“限制民事行为能力人订立的合同，经法定代理人追认后，该合同有效，但纯获利益的合同或者与其年龄、智力、精神健康状况相适应而订立的合同，不必经法定代理人追认。”限制行为能力人从事的特定范围之外的行为是否发生效力尚待确定。也就是说，限制行为能力人所从事的与其年龄、智力、精神健康状况相适应的民事行为是有效的；而超出行为能力范围之外订立的合同是效力待定的。对限制行为能力人而言，除了在法律规定的范围之内，其他的行为效力均不是尽量使之有效的。

从立法例的比较来看，德国、中国都视限制行为能力人所建立的法律关系为效力待定，而日本则是将限制行为能力人所建立的法律关系规定为可撤销。那么，其中究竟选择哪一种规定更具合理性？《日本民法典》第7条和第9条规定：对处于因精神上的障碍而欠缺辨识事理能力且已经处于常态的人，家庭法院因本人、配偶、四亲等内的亲属、监护人、保佐人、辅助人、监督人或检察官的请求，可以对其作出监护开始的裁定。成年被监护人的法律行为可以撤销，但仅就日用品的购买等日常生活的行为，不在此限。可见，日本立法上对设立成年监护的人的行为效力是认定为可撤销的，但日常性的生活行为除外。

大陆法系国家最新的修法无不废除行为能力欠缺宣告制度，代之以个案审查，与此同时，行为能力类型化也逐渐被一体化，统一称谓为欠缺行为能力。德国的成年人行为能力标准由原来的三级改为两级——有行为能力、无行为能力；瑞典和日本的成年人行为能力均分为“有”和“限制”两级。[①]绝大多数情况可以通过赋予受监护人本人和监护人（保护人）以撤销权，由本人或其监护人（保护人）选择行使以确定行为最终的效力，个别违反公共利益的情形，其行为当然无效。顺应这个背景和发展趋势，在受监护人行为效力的立法选择上，效力未定已经丧失了立足的空间。

将欠缺行为能力人的行为效力认定为可撤销，与认定为效力待定相比，存在着以下区别：第一，享有撤销权的主体不同。对于效力待定的行为，相对人享有撤回权，而可撤销民事行为的撤销权在于弱势的一方，对于无撤销权的一方该行为则确定有效。

第二，使行为是否生效的方式不同。效力待定的行为人只能通过拒绝追认或在除斥期间经过后未追认的方式使得行为不生效，归于无效。可撤销的行为当撤销权人在法定期间内未及时行使撤销权的，撤销权消灭，该行为有效；也可通过主张撤销权的方式使得行为自始无效，处于弱势一方享有主动权。从尊重当事人本人意思、促进交易的进行、实现相对人预期利益的角度，可撤销的效力较为可取。

第三，效力不同。效力待定的法律行为意味着行为对双方当事人均不生效，双方均不受其约束。而可撤销的法律行为，则表明其已发生了不完全的法律效力，对无撤销权的一方是有效的，须受该法律行为的约束，所谓的效力不完全仅是对享有撤销权的一方而言的。相对方如果为完全行为能力人，则法律并无对其特殊保护的必要，其实施的行为对本人有完全的效力。

第四，利益的保护不同。效力待定法律行为追认方的相对方享有催告权和撤回权，虽然最终效力如何由享有追认权的一方控制，但相对方的利益亦受到保护，以达到与追认方的平衡。而在可撤销的法律行为中，无撤销权的一方地位是极为消极的，其既要在撤销权行使之前受到法律行为效力的约束，还要承受法律行为被对方撤

---

① 参见李霞：《论成年行为能力欠缺者的监护》，载《民商法论丛》第34卷，法律出版社2006年版，第379、381页。

销后，预期利益落空的危险，没有催告权、撤回权。限制行为能力人制度意在保护未成年人和丧失精神判断能力这样一些意思能力欠缺的成年人，而效力待定法律行为中的催告权与撤回权形成了与追认权相对的一种制约，它最终演变为双方利益的制衡与均势，而非保护弱势一方。而限制行为能力人实施的行为可以在对本人不利时赋予其撤销权，则彰显了对行为能力欠缺者的特殊保护这一理念。效力待定行为的相对人行使撤销权的，有时会损害处于弱势一方的意思能力欠缺人的合法利益，对于行为人而言具有被动性。

因此，在可撤销制度中，欠缺行为能力人一方的意思表示并不当然的对其发生法律效力，此法律效力之发生，有待于欠缺民事行为能力人的法定代理人的撤销权之行使与否；若未行使撤销权，从尊重当事人自主决定权的目的出发，则其行为自始有效。但如果对方当事人为完全行为能力人，则该法律行为对其将确定地发生法律效力。将这种法律关系的效力决定权赋予欠缺行为能力人，是法律将保护的重点倾向于弱者一方的利益。因此笔者建议：无民事行为能力的成年人实施的行为和限制民事行为能力的成年人依法不能独立实施的行为效力（身份行为除外）应为可撤销，撤销权自行为成立之日起超过1年未行使的，该权利消灭。

（三）保护弱者与兼顾交易安全

将欠缺行为能力成年人的行为效力认定为可撤销，是一种积极的、灵活的保护方式。将撤销权赋予欠缺行为能力成年人一方的监护人（保护人），为受监护人创造了“自主参与”的有利条件，在一定程度上体现了“对自我决定的尊重”，而非一味地追求绝对无效反而有损交易安全。如果受监护人并未因其行为遭受损害，可以选择不行使撤销权，那么其行为成为完全有效的法律行为，也在一定程度上保证了交易安全，因为与受监护人交易，并不意味着另一方当事人必然遭受损失，那些能够充分照顾到对方并且给予足够保护的善意相对人也是大量存在的。如果受监护人因其行为遭受损失，则行使撤销权同样可以使该行为完全归于无效，其效果与直接认定无效殊途同归，不同的是，赋予其行为可撤销的效力，实现了对于该类弱势群体实质意义上的保护，符合民法发展的潮流。

四、欠缺意思能力的成年人保护

笔者建议，欠缺意思能力的成年人保护，应主要针对精神病人、智力障碍者和欠缺意思能力的老年人，将其行为效力改变为可撤销，但因个人意思能力的欠缺程度不同，设立的成年人保护的类型也不同。

第一，对于无意思能力（行为能力）的人设立成年监护，监护人享有代理权和同意权，监护人对于被监护人未经其同意的行为享有撤销权。对于监护人有处分被监护人的不动产、实施与被监护人利益相反的行为的，须得到监护监督人的同意（参照《日本民法》第 859 条、第 860 条的规定）。第二，对于限制行为能力的人设立成年保佐，限制行为能力人仍有权从事与其年龄、智力、精神健康状况相适应的行为。保佐人享有代理权、撤销权、同意权，只是保佐人撤销权限于特定的范围之内，即被保佐人从事法律规定的特定行为而未得到保佐人同意的，可以撤销。

欠缺意思能力的成年人根据设立的不同保护类型，其可撤销的行为范围是不同的。保佐人的撤销权、同意权行使的范围是被保佐人所不能独立实施的与其年龄、智力、精神健康状况不相适应的行为。

第四节 有意思能力而欠缺处理事务能力的成年人保护

对有意思能力的成年人因欠缺处理自己事务能力的，须设立成年辅助，对其进行照顾、帮助，不以剥夺行为能力为前提，强调充分尊重其自我决定权，其法律行为仍然有效。

一、有意思能力而欠缺处理事务能力的成年人的保护范围

（一）国外立法例

《德国民法典》第 1896 条规定了对于身体障碍者的保护：“成

年人因心理疾患或身体上、精神上或心灵上的残疾而完全或部分地不能处理其事务的，监护法院根据该成年人的申请或依职权为其选任一个照护人。申请也可以由无行为能力人提出。成年人因身体上的残疾而不能处理其事务的，仅得根据该成年人的申请为其选任照护人，但该成年人不能表明其意思的除外。”①

《法国民法典》第490条规定，人的精神官能受到疾病损坏或因残疾或年龄而衰弱时以及身体官能受到损坏，妨碍当事人表达其意志的，为当事人的利益，实行司法保护制度。精神官能与身体官能是否受到损坏，应当由医生确认。②

可见，德国和法国将监护对象扩展到身体残疾者，他们可能因为身体残疾，行动的不便利，精力上也不如常人，也有设立监护人来帮助其正常生活的需要。

（二）学者意见

我国有学者提出了不同的成年人保护范围：“依限制程度的深浅分为三种类型，分别对应相应的监护对象，‘对无行为能力人的监护’适用于因精神疾病、智力障碍、高龄而完全丧失意思能力者；‘对限制行为能力人的监护’适用于因精神疾病、智力障碍、高龄、酗酒、赌博、吸毒而显著减少意思能力者；‘对于成年人的保护’适用于因精神疾病、智力障碍、高龄、酗酒、赌博、吸毒而缺少意思能力者。”③

还有学者认为，应设置两种保护类型：“为意思能力欠缺不能处理自己事务的成年障碍者设置‘照顾人’，为具有部分意思能力、能够自己处理生活事务的成年障碍者设置‘辅助人’。”④

---

① 陈卫佐译：《德国民法典》，法律出版社2006年版，第563页。

② 参见罗结珍译：《法国民法典》（上），法律出版社2004年版，第405页。

③ 张鹏：《成年人监护制度研究》，载《国际法与比较法论丛》，中国方正出版社2005年版，第170页。

④ 梁慧星：《中国民法典草案建议稿附理由之亲属编》，法律出版社2006年版，第271页。

（三）保护范围

近年来，各国纷纷修改、完善了成年人保护制度，不同程度地扩大了成年人保护对象的范围。我国传统的成年人监护制度只是针对精神病人和痴呆症者，并不包括有意思能力而欠缺处理自己事务能力的人。但不可忽视的是，仍然还存在着这样的弱势群体——有意思能力的老年人、残疾人，他们并非无行为能力人，但由于身体上、年龄上的原因，而不能完全地处理自己的事务，来照顾自己的生活，从事一般性的法律行为。因此，本书认为除了传统的成年人监护的保护对象之外，还应将有意思能力但欠缺处理自己事务能力的人纳入到现代成年人保护的范围中来，但须采取不同的保护方式。设立成年人保护时应尊重处于弱势地位人群的意志自由，他们应当有权决定与其自身利益密切相关的事项。

特别强调的是对于生活态度不良的人——具有浪费习性、酗酒、赌博和吸毒的人，不应该纳入到保护范围中来。有的国家最初将这一类群体作为准禁治产人，主要是防止他们在意志薄弱的情况下肆意处分财产从而影响家庭债务的履行，于是对他们的行为能力进行限制。但是现代成年人保护制度建立的目标从由监护人的“管理”型转变为受监护人的“自治”型，由原来的保护家庭财产为目的变革为尊重自己决定权的价值理念，此时就不再适宜对浪费人和有酗酒习惯的人等设立现代成年人保护。

二、有意思能力而欠缺处理事务能力的成年人的保护方式

对于有意思能力而欠缺处理自己事务能力的人需要设立成年人保护。他们在特定事项上可能需要他人帮助、协助时，由本人申请，可以设立成年辅助。但保护的方式却不同于传统的成年人监护方式，也不同于欠缺意思能力的成年人保护方式。

第一，对有意思能力而无处理自己事务能力的人，由本人提出申请设立成年辅助。被辅助人的法律行为仍有效，但经本人同意赋予辅助人代理权。

第二，对有意思能力而有部分处理自己事务能力的人，由本人

提出申请设立成年辅助。被辅助人的法律行为也有效，辅助人也享有经被辅助人同意的代理权，代理权的范围由辅助人与被辅助人约定。但不同的是代理权的范围限于被辅助人所丧失的能力部分，这是适用最少限制原则的结果，仅对其丧失的处理事务的能力部分设立辅助人。①

第三，对于无处理自己事务的能力，可以由医生出具书面证明，而部分有处理事务能力的人需结合行为的性质和行为人的外观判定，必要时由医生确认。《法国民法典》第493—1条规定："仅在病人的精神官能或身体官能受到损坏的情形已得到专门医生确认之后，法官始得宣告设立监护。专门医生从共和国检察官制定的名单上挑选。"② 我国在作相关立法时似可借鉴。

用下表（表3-1）来表示成年人保护的方式。

表3-1

成年人保护的方式	监护	保佐	辅助	
行为能力的类型	无	限制	有	
成年人保护的对象	精神障碍者、智力障碍者、欠缺意思能力的老年人		有意思能力的老年人、身体障碍或残疾的人、轻度痴呆	
划分标准	无意思能力	意思能力不完全	有意思能力而无能力处理自己事务	有意思能力而部分不能处理自己事务

① 关于最少限制方法的论述参见第五章第四节的内容。在此论述此节内容，是为了与欠缺意思能力人的保护作对比。

② 罗结珍译：《法国民法典》（上），法律出版社2004年版，第413页。

续表

被保护人的行为效力	可撤销（日常必要性行为与纯获益行为除外）	可撤销（与年龄、智力、精神状态不相适应的范围的行为）	有效	有效
成年保护人的权利	代理权、同意权、撤销权（日常必要性行为与纯获益行为除外）	代理权、同意权和撤销权（限于与年龄、智力、精神状态不相适应的范围的行为）	经本人同意享有代理权	经本人同意享有代理权（限于欠缺的能力部分）

第四章

成年人保护的其他方式

对于有些人（未成年人、精神障碍者、身体障碍者、老人）来说，需要受到他人的保护。有关保护的形式，可以区分为现实的、具体的生活上的照顾（照料），经济上的援助（扶养）以及财产上的管理，包括法律援助（同意或法定代理）。① 由此，成年人保护方式可以大致分为财产利益的管理、人身利益的照顾两类，其中财产利益的管理是我国目前现有的代理制度；人身利益的照顾主要是关于扶养的方式和医疗措施方面的问题，如代为人身照护决定的生前预嘱、预立医疗照护指示等。虽然这些制度不能同时保护财产利益和人身利益，但是仍有着值得借鉴和参考之处，结合我国具体情况进行引入和确立，与现代成年人保护制度共同构成有效的保护机制。

① 参见［日］铃木初代：《应尽照顾被保护人的私人义务》，陈同花译，载《外国法译评》2000年第2期，第8页。

第一节　财产利益的管理方式之代理

一、法定代理与意定代理

法定代理的产生是基于法律的规定，意定代理①是基于被代理人的授权发生的。两者之间有着相同的一面，即都是为了扩张被代理人的行为范围，同时也存在着本质的区别：法定代理只是借助了代理的形式，其内核却是身份权，这种构造某种意义上可以说是一个技术构造，但其源自于现实生活的原型是很直观的，与权利能力、法律行为等这样的技术构建相比，技术构造因素要小得多，如果以概念构造的抽象化来看，即“自其所由显现之客观分离、抽象化，以其一般化的形式，个别孤立于其他要素及客体（于此，这些要素以一定的方式组合在一起）之外的诸要素”，或者“由具体事物中分离出来，将规定具体事物的诸要素个别化”，② 法定代理并不具备抽象化特征，不是典型的技术概念。法定代理是传统的监护制度的产物，具有保护被监护人的法定的“身份”性，在产生的性质上是不同于意定代理的。

法定代理同时具备“代理”与“法定性”特征，它借助了代理的形式，以被代理人名义即欠缺意思能力者的名义参与法律关系，为被代理人谋取利益，这就在形式上符合了权利能力的要求，承认了欠缺意思能力者的主体地位。但法定代理与意定代理不同，意定代理的产生、范围、消亡依据双方当事人的约定，而法定代理的产生则是基于身份权或者法律的规定，其内容与范围源自家庭法上的身份权，一般也随着身份权的变更而变更，比如父母作为未成年人的法定代理人，其代理范围与父母对子女的照顾权相当，若父

① 若代理人依据被代理人授权的意思表示取得代理权，我国学者惯称为“委托代理”，我国《民法通则》第 64 条第 2 款也作同样称呼。

② ［德］卡尔·拉伦茨：《法学方法论》，陈爱娥译，台湾五南图书出版公司 2003 年版，第 318 页。

母的照顾权受到限制则法定代理范围亦发生相应的缩减。法定代理制度通过身份权的内容解决了欠缺意思能力者利益的保护问题，从而解决了权利能力抽象性与平等性在现实生活贯彻中所遇到的问题。

意定代理属于非意思能力欠缺者的法律保护方式之一，侧重于财产利益方面。意定代理，又称授权代理、委托代理，是基于被代理人的授权而发生的代理，并且被代理人须属于意思能力健全的人，即通常意义上的完全行为能力人，方能作出授权行为的意思表示。授权行为属于单方行为，仅凭被代理人一方的意思表示就能发生授权的法律效力。对于被代理人的授权行为，代理人有权拒绝。在一般情况下，委托合同是产生意定代理授权的原因或基础。但是委托合同的成立和生效，并不当然产生代理权，只有委托人作出委托授权的单方行为，代理权才发生。① 对于行为能力欠缺者而言，"若实施其有限行为之外的法律行为，仅有《合同法》中的委任制度可资适用，委任他人代理民事行为，但囿于本人的种种身体或精神障碍，常常无力有效监督代理人的代理行为，因而也不能确保本人意思能力的充分贯彻，并无法从监护制度中得到救济。"②

二、代理制度保护之不足

代理制度的存在延伸、补充了民事主体的行为活动范围，但与现代成年人保护制度相比，仍有着不足之处：

首先，代理是在私法自治的扩张和补充要求之下出现的，乃一种依他人（代理人）之独立行为（意思表示），而本人（被代理人）直接取得其法律效果之制度。③ 从效果上来说，通过代理制度，意思能力欠缺的人可以因受到一定的辅助而追求和实现自己的利益。但代理仅以法律行为为限，即代为或代受意思表示，事实行为则不得代理。民事主体的行为能力的欠缺不仅在于意思能力的欠

① 参见马俊驹、余延满：《民法原论》，法律出版社 2007 年版，第 224 页。

② 李霞：《成年后见制度的日本法观察》，载《法学论坛》2003 年第 5 期，第 92 页。

③ 参见郑玉波：《民法总则》，中国政法大学出版社 2003 年版，第 396 ~ 397 页。

缺，更多地是发生于实际能力欠缺的状况，这种行为的欠缺影响其生活的方方面面，而日常生活起居的辅助、照护之决定在性质上属于事实行为，因此，不是现行制度下之代理人所能代为决定和处理的。而现代成年人保护制度的核心内容正是这些日常生活的辅助和照护，因此能够更好地满足实际需要。

其次，代理强调的是“代替完成一定民事行为”．“代替行使”必然要求授权，要么由法律授权，即法定代理，要么由被代理人授权，即意定代理。为了完成制度设计的目的，即充分保障弱者的利益，那么代理制度就应当符合两个条件：第一，法定代理应当突破只以未成年人为对象的限制，拓展到有精神障碍或身体障碍而不能处理自己事务的成年人。第二，意定代理针对心智健康但需要他人代理从事行为的成年人。只有心智健康即非因意思能力欠缺的成年人才能准确表达自己的意志，并作出授权。“协调代理制度与传统监护之间的矛盾在成文法系国家里存在着非常大的阻力，因此代理制度在大陆法系国家不是最优选择。而现代成年人保护制度源于传统监护制度，制度上具有天然的传承性和契合性。”①

第二节　人身利益的照顾方式之一——扶养

对于老年人等无法维持自己生活的人，民法对于人身利益的照顾的保护方式主要采取扶养的方式。这类人群可能有的并非欠缺意思能力，无法达到传统成年人监护制度的设立标准，但其因身体上的原因无法处理自己事务，因而不能给自己以基本的生活照料，所以其基本生活需要无法满足时，扶养的作用就即时产生。所谓“扶养”，指一定亲属间相互供养和扶助的法定义务，是一种私法上的法定义务。② 从广义上来理解的扶养③，依扶养条件和程度的不同，可分为“生活保持义务”和“生活扶助义务”。生活保持义

① 张莉：《连体人的法律人格及其保护》，知识产权出版社 2007 年版，第 107～108 页。

② 参见杨大文：《亲属法》，法律出版社 2004 年版，第 291、292 页。

③ 广义的扶养包括我国婚姻法中的扶养、抚养和赡养。

务，是父母子女或夫妻间基于身份关系的本质所不可或缺的要素。保持对方的生活，即保持自己的生活，扶养人与被扶养人之间应以保持自己生活的程度来保持对方的生活，互负“共生存”的义务。我国父母与未成年子女之间的扶养义务是生活保持义务，具有扶养义务的无条件性、扶养内容的全面性、扶养义务的长期性与持续性的特点。生活扶助义务，除夫妻、父母与未成年子女外，其他法定亲属间的扶养，并不是为维持共同生活所必需的。而父母对成年子女的扶养义务和成年子女对父母的扶养义务则属于生活扶助义务。前种扶养关系要求：（1）成年子女不能独立生活；（2）父母具备负担能力，即父母在维持自己的生活外还有承担扶养义务的给付能力。后种扶养关系要求：（1）子女须已经成年；（2）须父母无劳动能力或生活困难；（3）子女具有给付能力。①

一、扶养范围包括人身利益照顾

扶养的本质，是一种对于被扶养人生活需求的供给。根据扶养的方法不同，有同居生活的扶养与不同居而给付扶养费的扶养，前者又可称为“迎养在家”，即直接供给食宿的情形，后者为给付扶养费，即供给金钱或生活物品而为扶养的情形。② 值得认同的是，子女对父母所负的扶养义务，除了生活费的支付外，还包括对于被扶养人人身上的照料，即同居与生活照料。扶养的方式主要是涉及人身利益的照顾，给予了被扶养人相应的注意和关怀。

二、扶养范围无法扩张至财产管理

扶养的内容即使包括了给付赡养费、扶养费、生活费用、医疗费用……但现行民法中的扶养制度显然未授予扶养义务人干预被扶养人财产的权限。换言之，在法律上，扶养义务人要以扶养的名义而管理仍有行为能力的扶养权利人的财产，是没有法律上的任何根据的。因此，即使被扶养人浪费自己的财产而增加扶养义务人的扶

① 参见马俊驹、余延满：《民法原论》，法律出版社 2007 年版，第 884 页。
② 参见马俊驹、余延满：《民法原论》，法律出版社 2007 年版，第 882 页。

养负担，扶养义务人也无权加以干涉。

三、尊重意思自治的欠缺

不论是给付赡养费、扶养费用还是生活费用、医疗费用，其供给的内容和程度，取决于扶养提供人本身的情况，无法遵循被扶养人的意愿。因为生活扶助义务是一种偶然的、例外的、相对的扶养，是在保持与义务人地位相当的生活水准之下，给予确实需要扶养的亲属以扶助，使其保持最低生活水平。这种扶养义务是有条件的，只有在一方无独立生活能力，他方有扶养负担能力时，才发生扶养义务，即扶养义务人仅在不降低与自己地位相当的生活水平限度内给予扶养，扶养人与被扶养人之间无须保持同一生活水平。① 而成年人保护制度的设立可以尊重被保护人的意愿来选择保护人，也可根据被保护人的实际需要完全地支付相关费用。成年保护人处理与本人生活、疗养看护、财产管理相关监护事务时，在尊重本人意思的同时，必须注意本人身心状况及生活状况。

第三节 人身利益的照顾方式之二——护理保险

一、监护照顾的社会化趋势

随着高龄化社会问题的突显，以家庭为主的传统的监护体系让越来越多的人心有余而力不足，成年人保护事务的社会化趋势不可逆转。而社区保障体系的日趋完善使今后的成年人保护制度将不再是一个单纯的民法领域的具体制度，它将作为社会福利政策的组成部分，与社会保障、社会保险（包括医疗、护理、养老等）等制度形成一种不可分割的关系。修正后的德国、日本、奥地利等国的成年人监护法都鼓励社会团体担任成年人的监护人或保护人，其范围也已逐步从家庭扩大到社会。

① 参见马俊驹、余延满：《民法原论》，法律出版社 2007 年版，第 882 页。

二、护理保险机制的确立

随着年龄的增长，人的自我照顾能力必将逐渐降低，个人生活中的许多事务都需要他人予以协助、照顾，如果老年人身体状况欠佳，则更需要他人对其生活以及医疗事务予以看护、帮助。这一类事务一般只在保护人与被保护人之间，不涉及在与第三人为法律关系时保护被监护人利益的问题。而且，这类事务虽多为单纯的劳务，但还是有一定的技术性。因此，依该类事务的性质，完全可以将这类事务从保护人的职责中分离出去，而转由他人承担，只需对被保护人的利益进行判断，将发生对外法律关系的行为留由保护人进行决策，以求保护被保护人的利益。这样既可以将保护人从繁琐的传统监护事务中解脱出来，也可以确保被保护人的生活、医疗能够得到专业人士的精心护理。

基于以上认识，目前有些国家实行了面向老年人的护理保险制度，即社会全体成年人为将来生活不能自理时所需要的他人护理工作，进行社会投保，在其不能生活自理时，经审核合格，由社会保险机关提供资金，为其提供专业性的护理服务。具体而言，即由成年人为其将来可能需要的护理服务事先进行投保，当然，国家也要给予一定的补助。① 然后，在投保人由于年老体衰需要他人予以照顾时，经申请，社会保险机关出资为其提供专业的生活或医疗护理服务。② 实行护理保险制度以后，实现了老年人生活、医疗护理的社会化，从而使监护人从繁重、琐碎的家务劳动中解放出来，可以在不妨碍自身正常生活的情况下，有充足的时间和精力对涉及被保护人的利益的重大法律交易行为进行判断、选择，从而维护被保护人利益，也使成年人保护制度更具可操作性。所以，在日本，后见

① 参见［日］铃木初代：《日本成年人监护制度修改后的现状及与之配套的公共设施和制度》，宇田川幸则译，载渠涛主编：《中日民商法研究（第一卷）》，法律出版社 2003 年版，第 379 页。

② 参见［日］铃木初代：《日本成年人监护制度修改后的现状及与之配套的公共设施和制度》，宇田川幸则译，载渠涛主编：《中日民商法研究（第一卷）》，法律出版社 2003 年版，第 379 页。

人等成年人监护人的监护事务中并不包括日常生活的看护、护理等属于单纯劳务的行为，“身上照顾义务”的具体内容是有关本人的疗养看护、护理，如住院合同、住养老院合同、在家疗养服务合同等法律行为的协助和保护。①

我国传统以来一直是在家庭内部实现对老人的赡养和扶助，家庭成员中的晚辈对老人承担了所有的生活上的照顾责任，负责老人衣食住行等各方面的看护、护理工作。但是，这种模式在现代社会未必还能继续得以延续。首先，现代社会生活节奏加快，家庭成员不一定还能继续如以前一样有足够的时间在家里照顾老人的生活。其次，随着独生子女的增多，以及家务劳动的社会化，新生一代中有多少人还能够承担起照顾老人的家务劳动，实在令人怀疑。② 因此，将来我国重构成年人保护制度时，我们也应当建立起老年人护理保险制度，以实现老年人护理服务的社会化，并以此保证成年人保护制度的可操作性。

第四节　人身利益的照顾方式之三——医疗措施

日本成年人后见制度规定了“身上照顾义务”，将有偏重财产管理之嫌的以前制度改变为重视被照护者的日常生活等方面的保护（对健康、生活、福利的保护）的制度。同以前制度尤其不同的是，在财产管理的问题上更为强调为日常生活而进行监护的一面。③ 由此可见，对于弱者的关注将不再仅限于财产方面的管理，对于个人的人身方面的照护问题的研究显得越来越重要。人身的照护问题除了日常生活方面的关心和照顾之外，更为关键的是当被照

---

① 参见［日］铃木初代：《日本成年人监护制度修改后的现状及与之配套的公共设施和制度》，宇田川幸则译，载渠涛主编：《中日民商法研究（第一卷）》，法律出版社 2003 年版，第 390 页。

② 参见张鹏：《成年人监护制度研究》，载《国际法与比较法论丛》，中国方正出版社 2005 年版，第 179～181 页。

③ 参见［日］宇田川幸则：《浅论日本关于成年人监护制度的修改》，载渠涛主编：《中日民商法研究（第一卷）》，法律出版社 2003 年版，第 394 页。

护人出现疾病等重大痛苦，无法决定自己接受何种医疗方案甚至是否继续存活下去的问题时，应当通过什么样的途径来解决。

一、预立医疗照护指示

随着科技的不断发展和人们生活水平的提高，人类的寿命逐渐延长，导致人口中高龄人口占大部分，人口老化影响到对于死亡、临终与在医疗方面作决定的态度。对于濒临死亡的病人是否撤除或维持治疗，一些无行为能力的病人，如植物人、脑部受损严重的精神病患或因年老智力退化的老年痴呆症患者，有可能在有行为能力时曾经以口头或用书面方式正式地表达过对生命的期许与对治疗的愿望。然而一些实际例子中证明，许多年老或重病的人在知道自己病情后，根本不想作出任何医疗上的决定。这里似乎出现一个问题，到底家属作决定好，还是病人自己决定好。其实，若由病人在有行为能力时以口头或用书面方式正式地表达过愿意授权他人代为作决定，并加以贯彻病人的意愿，仍无碍于病人的自律原则。①

所谓"预立指示"（Advance Directives）是指一个人因顾虑到当事人在病危或突发的意外事故，可能会丧失意识，无法表达医疗的意愿，所以在正常头脑清醒、理智健全时，用书面表示如果关于临终医疗或因意外造成病情情况严重，当事人选择的医疗意愿与方式。② 广义的预立指示，包括了财产与人身的预立指示，二者在美国均已获得普遍认同，此处专指关于健康照护的预立指示。美国学者认为，这是指个人于有行为能力时，以"文书"写下对于未来无行为能力后的医疗照护事宜所表达的决定与指示。该指示包含实质的指示（Substantive Directive），如预立意愿书："接受或拒绝特定医疗处置种类的意愿"，或代理的指示（Proxy Directive）："指定医疗照护的决定代理人"，就本人未为指示或无法预测情况（例如

① See Tom L. Beauchamp and James F. Childress, *Principle of Biomedical Ethics*, 5th Edition, Oxford University Press, 2001, p. 59.

② 参见邱仁宗：《生死之间——道德难题与生命伦理》，中华书局 1988 年版，第 193 页。

新发展的治疗技术）授权代为医疗决定。①

病人在拥有行为能力的时候，就预先针对自己万一有一天陷入无行为能力状态时，为有关医疗的相关问题“预立意愿书”，表达不愿意受到某些因为医疗的需要而令他痛苦的疗法。② 这个以预立意愿书方式表达病人的愿望，如果暂时不考虑此预立意愿书的其他因素如时间因素、情绪或当时的健康状态，以强调尊重个人自律原则而言，医师或代理人在不伤害原则与仁爱原则的义务条件下都必须尊重，但是如果病人的预立意愿书决定的医疗行为，涉及或违反他人或病人自己的权益与福祉的时候，预立意愿书的自律原则将受到适当的约束。

（一）预立医疗照护指示的要件

美国的预立医疗照护指示的要件较生前预嘱宽松，通常要求：（1）书面；（2）由本人签名；（3）见证人：大部分州要求两名见证人，证人其中之一必须为非血亲或姻亲。佛罗里达州法律规定见证人不能是配偶、血亲、继承人或直接负担病患照护费用的人。③ 此规定是为避免潜在利益冲突而设的规定。

（二）预立医疗照护指示的效力

当预立医疗指示是指定医疗决定代理人时，该代理人可为决定的内容权限由州法规定，通常对于重大事项，即使本人已经授权，仍须事先得到法院的许可。预立医疗照护在其功能上和生前预嘱有些相似，但它所涉及的范围是不考虑病人是否处于临终末期的状态。以佛罗里达州的《健康照护代理人法》(*Health Care Surrogate Legislation*）的规定为例，除须法院准许的医疗行为外，都可授权

---

① See Tom L. Beauchamp and James F. Childress, *Principle of Biomedical Ethics*, 5th Edition, Oxford University Press, 2001, p. 152.

② See Alison Patrucco Barnes, *Beyond Guardianship Reform: A Reevaluation of Autonomy and Beneficence for a System of Principled Decision-making in Long Term Care*, 41 *Emory Law Journal*, Summer, 1992, p. 665.

③ See Alison Patrucco Barnes, *Beyond Guardianship Reform: A Reevaluation of Autonomy and Beneficence for a System of Principled Decision-making in Long Term Care*, 41 *Emory Law Journal*, Summer, 1992, p. 667.

代理人代为医疗决定。需要法院核准的医疗行为包括：堕胎、电击治疗、精神外科、实验性治疗、进住精神医疗机构。该法的适用对象并不限于临终末期病人。而且，预立医疗照护指示确定的代理人不能涉及对是否维持生命处置事项作出决定。本人如欲就延长生命处置实施与否为指示时，必须依照《生前预嘱法》(*Living Will Statute*) 为之。此外，健康照护代理人就病患本人的健康照护事项的决定有最终权限，即使是法院指定的监护人也不得超越它。①

预立医疗照护指示是有决定能力的成人预先对医疗处置的同意或拒绝作出指示，对于财产上的预立指示，其作用与我国继承法上的遗嘱相同。但我国没有人身方面的预立指示。作为广义上的保护成年人的方式之一，可以借鉴，但须满足以下条件：①作指示时有决定能力和判断能力；②以书面形式预先决定和运用自己丧失心智后对医疗上的处置权；③不得涉及终止和拒绝维持生命治疗的内容。但其在一定程度上具有滞后性——自身意志发生变化而未能及时变更照护指示；将会由于医疗技术的进步而未能及时了解医疗上先进的处置方案，导致预立医疗照护指示违背了保护本人的利益。

二、医疗告知同意权

（一）告知后同意条款的定义

病患控制医疗行为的权利起源于告知后同意条款（the Doctrine of Informed Consent)。病患接受医疗处置前，有权要求医疗提供者对于医疗结果、利益、风险或其他可能治疗方法等资讯充分告知。此种病患基于充分了解后而同意接受治疗的权利即为告知后同意条款。该条款的核心在于：首先，此条款以达到病患自主(Autonomy）及自我决定（Self-determination）为目的。② 为了实现

---

① See Alison Patrucco Barnes, *Beyond Guardianship Reform: A Reevaluation of Autonomy and Beneficence for a System of Principled Decision-making in Long Term Care*, 41 *Emory Law Journal*, Summer, 1992, p. 667.

② See Lawrence A. Frolik & Richard L. Kaplan, *Elder Law in a Nutshell*, 2nd Edition, West Group, 1999, p. 224.

身体健康，病患有权自由决定在医疗过程中其身体是否接受医疗事项。其次，仅有控制医疗决定的权利还不够，还须充分被告知相关资讯才能作出正确的决定，避免医患关系中信息不对称的情形影响病患个人的医疗决断。告知后同意条款建立在充分的资讯告知的基础之上，而所谓资讯包括建议的治疗方式、建议治疗方式的利弊（针对死亡率与可能造成的严重身体残缺的风险，应予特别说明）、建议治疗方案的成功率、不同治疗方式的选择及其优缺点、恢复期的长短、可能的并发症及副作用以及不治疗的后果等。① 最后，医疗人员在告知时应尽可能采取中立的态度，以病患能够理解的语言来进行告知说明，不要作出诱导或偏颇的叙述来影响病患的意思决定。

（二）告知后同意条款的案例发展

告知条款始于 1914 年纽约的 Schloendroff v. Society of N. Y. Hospital 案。② 该案件随后发展为“告知后同意条款”，成为各州所采用的普通法原则或立法。告知后同意条款的实施使病患对于未事先得到充分资讯而同意即实施医疗行为的医疗提供者享有诉权。违反此原则的医疗人员可能构成侵权行为（Assualt）或医疗过失（Medical Malpractice）。有数州法院认为告知后同意条款具有基础效力或宪法效力。1990 年，美国最高法院在 Cruzan V. Director, Missouri Dept. of Health 案中认为，美国宪法可能会赋予个人将拒绝急救处置视为是受美国宪法保护的权利。③

告知后同意法则主张病人是医疗的主体而非客体，医生应该尊重病人的自主权，医疗措施要得到病人之告知后同意；医生应该将重要的医疗信息，与病人分享，以帮助病人选择最适合病人生活价值的医疗方案。告知后同意法则是建立在病人的自主权（Patient

---

① Douglas Andrew Grimm, *Informed Consent for All! No Exceptions*, 37 New Mexico Law Review, 2007, pp. 43-44.

② See Schloendroff v. *Society of New York Hospital*, 211 N. Y., 125, 105 N. E. 92 (1914), p. 19.

③ See Lawrence A. Frolik & Richard L. Kaplan, *Elder Law in a Nutshell*, 2nd Edition, West Group, 1999, p. 19.

Autonomy）这一上位概念的基础上的。其基本精神正如美国大法官卡多佐（Justice Benjamin Cardozo）于1914年提出的名言："每一个心智健全之成年人都有权利决定其身体要接受何种之处置，任何一个医师在未得到病患同意的情况下为其施行手术构成侵权行为。"① 同样，对于那些老年人、已经成年的身心障碍者，也应当尊重他们的了解权、决定权，这是法律也不能强制剥夺的一项权利。

（三）告知后同意条款的例外

医疗提供者的告知义务并非绝对，某些情况下医疗人员可以免除该义务：第一，急救场合：病患处于极度危险需要立即医疗，却无法授予同意或无法被告知的紧急情况。第二，基于医疗人员判断而相信告知的资讯将使病患遭到身心损害致使无法作出理性决定时，则可以免除告知义务，但对这一例外原则应作严格解释。第三，病患要求免除医疗提供者的告知义务：病患对医疗人员明示不愿得知任何医疗资讯，希望由医疗人员全权为医疗处置决定。第四，病患本人因智力障碍或未成年欠缺行为能力无法作出有效同意。第五，病患已知或应知事实应予豁免。第六，产生的机会微乎其微，于正常情况下不会发生的相对遥远的损害。第七，医生所不知或虽尽通常注意义务仍无法得知的事项。②

---

① Douglas Andrew Grimm, *Informed Consent for All! No Exceptions*, 37 *New Mexico Law Review* 39, 2007, p. 39.

② 参见潘维大：《英美侵权行为法案例解析》，瑞兴图书股份有限公司2002年版，177～178页。

第五章

我国成年人保护制度的建构与完善

第一节　我国成年人保护制度的基本模式

一、从我国立法草案看成年人保护制度

我国现有的成年人监护制度限于制定当时民法理论以及立法技术的局限，基本类型设计不合理、法律条文过于粗疏、诸多问题缺少相应的规定，因此《民法通则》中的现有规定不尽如人意，在实践中许多成年人监护问题处于法律与现实脱节，或者处于无法可依的状态。王利明教授所主持的《民法典建议草案》第一编“总则”第23条规定，“不能完全辨认自己行为的精神病人（包括痴呆症人）具有限制民事行为能力，可以独立进行与他的精神健康状况相适应的法律行为。其他的民事活动由其法定代理人代理或者征得其法定代理人的同意后实施，但法律另有规定的除外。完全不能辨认自己行为的精神病人不具有民事行为能力，应当由其法定代理人代理其从事民事活动”。第24条规定，“沉溺于吸毒和赌博的

自然人，经其近亲属及其他利害关系人的申请，可以经人民法院宣告其为无民事行为能力或限制民事行为能力人。一旦作出禁治产宣告，法院应当为其指定财产代管人，代管人对财产的管理应当尽到勤勉谨慎的义务”。① 梁慧星教授所主持的《民法典建议草案》第一编“总则”第19条规定：“不能辨认自己行为的精神病人或者痴呆症患者，是无民事行为能力人，须由法定代理人代理实施法律行为。不能完全辨认自己行为的精神病人或者痴呆症患者，是限制民事行为能力人，可以独立实施与其精神状况相适应的法律行为。其他法律行为须由法定代理人代理，或者征得法定代理人的同意。”② 全国人大法工委所提交的《民法草案》第一编“总则”第15条规定：“不能辨认自己行为的精神病人是无民事行为能力人，由他的法定代理人代理民事活动。不能完全辨认自己行为的精神病人是限制民事行为能力人，可以进行与他的精神健康状况相适应的民事活动；其他民事活动由他的法定代理人代理，或者征得他的法定代理人的同意，但单纯取得权利或者免除义务的除外。”③

可以看出三部建议草案中除了王利明教授的草案增加了因吸毒和赌博而宣告为不完全民事行为能力人以外，其他草案基本上仍然沿袭了《民法通则》的思路：只承认法定监护，不承认意定监护，法定监护对象中仍限于无民事行为能力人和限制民事行为能力人两种，未作出根本性的变动。我国目前立法上的成年人的保护对象仅限于精神病人（包括痴呆者），根据成年人的精神状态，划分出无行为能力人和限制行为能力人两种类型。这种规定的类型化存在着一定的缺陷：

1. 个体的特殊性和固定的保护原因之间存在着矛盾。

将成年人保护限于固定的分类，不能确切地包括所有意思能力

---

① 王利明：《中国民法典学者建议稿及立法理由》，法律出版社2005年版，第47、49页。

② 梁慧星：《中国民法典草案建议稿》，法律出版社2003年版，第4页。

③ 张鹏：《成年人监护制度研究》，载《国际法与比较法论丛》，中国方正出版社2005年版，第163页。

薄弱不足的特殊状况，无法满足现代社会主体的多元化要求。即使行为能力欠缺，但每个主体的欠缺程度不一。如果无视这种多样性和特殊性，可能导致两极：一方面过度限制交易自由，按一律剥夺或限制行为能力的结果，一部分人因受到无行为能力宣告，其行为绝对不生效，自主参与社会的愿望和自由受到制约。① 另一方面，存在着一部分应该得到保护的人得不到法律的必要的保护，一些不属于精神疾病的成年人——老年人、智力障碍者、身心障碍者（植物人、残疾人、连体人），这样一些民事主体即使事实上不具备完全的意思能力，也得不到有效的保护。特别是对于因年老而智力日渐衰退的老年人，其人身和财产都需要得到法律制度的保护。老年人的特点是随着年龄而渐次丧失意思能力或判断能力，依我国现有民法的两种行为能力的类型，不能涵盖高龄者的行为能力不足的状态。由于衰老过程的渐进性，老年人并不像那些遭受到某种疾病侵袭的人那样突然之间丧失意思能力，而是随着时间的推移，变得反应缓慢、思维迟钝、辨别能力和表达能力下降，于是对老年人意思能力的认定应当按照不同的阶段、采取一定的标准进行区分，便于采取有针对性的措施进行保护。

2. 传统的单一监护种类不适应目前的社会需求。

我国《民法通则》对被监护对象不作区分，无视被监护对象的行为能力程度的不同状态，简单地规定为单一的保护模式。监护制度的设计应与行为能力相适应，对行为能力完全丧失和不完全丧失的成年人，规定不同的保护类型。按照监护程度的强弱，对不同的监护对象、根据意思能力的不同层次，分级制定不同的保护形式。老年人因衰老处于弱势地位，其意思能力的欠缺、行为能力的弱化导致对其设立监护的方式也要一一对应，应当充分尊重其剩余的意思能力，在保护其自身权益的同时也能让老年人参与社会生活的一系列活动，如果其行为可能导致不利后果的，处于不同保护类型的保护主体可以在相应的范围内享有决定其行为是否有效或作出

① 参见［日］山本敬三：《民法讲义》，解亘译，北京大学出版社 2004 年版，第 31 页。

保留的权利。

3. 传统成年人监护对受监护人的意志尊重程度不够，无法活用其尚余之能力。

被强行剥夺行为能力的人，其独立的法律人格何以体现？不能以设定监护之名来否定其作为“人”生存和发展的基本价值，导致本人的实际利益反向限缩。现代医学研究已证明，除自然性的精神病人外，各种类型的精神障碍者如慢性精神病人等仍有部分判断认知力，尤其是间歇性精神障碍者，在其精神为常态时，能够胜任基本的设权行为。① 在倡导自由参与和独立自主的私法领域中，即使是精神障碍者也应当获得意志自治的权利，有权决定与其自身利益相关的事项。

4. 监护制度缺少监督机制，欠缺公权力的约束。

我国监护制度的设置中只有监护人，没有监督机关，也未曾规定公共权力机关的监督职能。监护成为纯粹家庭内部的私人事务，过分倚重家庭亲属自治，因而无人监督监护人。现代以来，各国的公权力对监护事务的介入愈加深入，一些国家设立监护法院接任亲属会议的监督职能。② 从监护人的设立、约束、批准监护、职务内容、解除监护等程序，司法权全面介入，成为现代监护法的趋势和通例。建立现代成年人保护的监督机制有助于防止保护人的权利滥用，避免损害被保护人的利益，确保成年保护人忠实地履行保护义务。

二、我国成年人保护制度的模式选择

对于我国现代的成年人保护制度的模式选择，应当建立在分析相关国家的立法例和我国具体现实情况的基础上。法国、德国、日本在法定监护的种类方面存在着不同的设计：第一种立法例为德国，其只设立了一种照护制度，具体的监护人的权限全部委诸法官个案裁决。第二种立法例为法国、日本。其根据被监护人的精神智

① 宋林飞：《社会问题概论》，社会科学文献出版社 2002 年版，第 176 页。
② 德国、日本民法中取消了亲属会议这一制度。

力状况规定了三类监护措施，然后分别规定每一类监护措施中被监护人的行为能力的范围。哪种立法例更为合适呢？德国的立法要为每一个被监护人单独设计其行为能力的范围，势必增加诉讼成本，并可能引起法官自由裁量权过大。德国立法的初衷是使每一个身心障碍者可以根据法官的个案裁决获得最与自己主观意思能力相当的行为能力范围。我国是成文法国家，法院裁判必须做到以法律为准绳，因此不宜给予法官过多的自由裁量权。日本、法国的立法允许法官根据不同的情况确定当事人属于不同的行为能力类型，因此其也完全可以根据被监护人特定的精神智力等状况规定最合适的行为能力范围，以求最大限度地尊重被监护人既存的主观意思能力。在日本新设立的法定监护制度中，规定了成年受监护人、被保佐人和被辅助人以撤销和追认的权利，可资借鉴。① 《日本民法典》第9条规定，"成年被监护人的法律行为可以撤销，但仅就日用品的购买等日常生活的行为，不在此限。"同时第12条指出，撤销权的享有者仅限于限制行为能力人本人（即被监护人）、代理人（监护人）和被监护人的继承人。日本立法例中的三种监护措施，依行为能力的限制程度的深浅，依次为：（1）完全剥夺被监护人行为能力；（2）剥夺被监护人法定的重要行为（《日本民法典》第13条规定的事项）以及法官个案裁定的行为的行为能力。《日本民法典》第13条规定："被保佐人为下列行为时，必须取得其保佐人的同意。但第9条但书规定的行为，不在此限。（一）支取本金，或者利用本金；（二）借债或者承担保证；（三）以不动产或其他重要财产的权利的得失为目的的行为；（四）诉讼行为；（五）赠与、和解或达成仲裁合意；（六）对继承的承认、放弃以及遗产的分割；（七）拒绝他人提出的赠与要约，放弃遗赠，承诺附负担赠与的要约或承认附负担的遗赠；（八）新建、改建、扩建或者大型修缮；（九）超过第602条规定期间的租赁。"② （3）剥夺被监护

① ［日］山本敬三：《民法讲义》，解亘译，北京大学出版社2004年版，第40、45、49页。

② 渠涛：《最新日本民法》，法律出版社2006年版，第6页。

人由法官裁定剥夺的重要行为（《日本民法典》第13条规定的事项）中的某些行为的行为能力。法国立法例中的三种监护措施，依限制行为能力程度的深浅，依次为：（1）完全剥夺被监护人的行为能力；（2）剥夺被监护人法定的重要行为（即需亲属会议批准的行为①），以及法官个案裁定的行为的行为能力；（3）剥夺被监护人由法官裁定剥夺的某些行为的行为能力。② 比较而言，两种立法例最主要的区别在于第三种因轻微身心阻碍而引起的监护中被监护人行为能力的范围不同。此类被监护人行为能力所受到的限制，在日本，是法官在法定的重要行为中自由裁定的事项，在法国则是法官根据情况任意选择的事项。

笔者建议我国成年人保护模式分为三种方式，针对欠缺意思能力人和有意思能力而欠缺处理自己事务能力的人设立。

1. 欠缺意思能力人的成年保护对象主要包括精神病人、智力障碍者和欠缺意思能力的老年人。

第一，对于无意思能力（行为能力）的人设立成年监护，监护人享有代理权和同意权，监护人对于被监护人未经其同意的行为享有撤销权。对于监护人有处分被监护人的不动产、实施与被监护人利益相反的行为的，须得到监护监督人的同意。第二，对于限制行为能力的人设立成年保佐，限制行为能力人仍有权从事与其年龄、智力、精神健康状况相适应的行为。保佐人享有代理权、撤销权、同意权，只是保佐人的撤销权限于特定的范围之内，即被保佐人从事法律规定的特定行为而未得到保佐人同意的，可以撤销。第三，欠缺意思能力的成年人根据设立的不同保护类型，其可撤销的行为范围是不同的。保佐人的撤销权、同意权行使的范围是被保佐

① 《法国民法典》第510条规定：“财产受管理的成年人，无管理人协助，不得进行在成年人监护制度下应当得到亲属会议批准的任何行为；无此种协助，财产受管理的成年人亦不得受领资金与将资金投入再使用。如果财产管理人拒绝对某一行为给予协助，财产受到管理的人得请求监护法官给予补充批准。”参见罗结珍译：《法国民法典》（上），法律出版社2004年版，第426页。

② 参见张鹏：《成年人监护制度研究》，载《国际法与比较法研究》，中国方正出版社2005年版，第165页。

人所不能独立实施的与其年龄、智力、精神健康状况不相适应的行为。

2. 有意思能力而欠缺处理自己事务能力人的成年保护对象主要包括意识清楚但年老体弱的老年人、身体障碍或残疾的人，在特定事项上可能需要他人帮助、协助时，由本人申请，可以设立成年辅助。但保护的方式却不同于传统的成年人监护方式，也不同于欠缺意思能力的成年人保护方式。

第一，对有意思能力而无处理自己事务能力的人，由本人提出申请设立成年辅助。被辅助人的法律行为仍有效，但经本人同意赋予辅助人代理权。

第二，对有意思能力而有部分处理自己事务能力的人，由本人提出申请设立成年辅助。被辅助人的法律行为也有效，辅助人也享有被辅助人同意的代理权，代理权的范围由辅助人与被辅助人约定。但不同的是，代理权的范围限于被辅助人所丧失的能力部分，这是适用最少限制原则的结果，仅对其丧失的处理事务的能力部分设立辅助人。

第三，对于无处理自己事务的能力可以由医生出具书面证明，而部分有处理事务能力的人需结合行为的性质和行为人的外观判定，必要时由医生确认。

三、配套制度的设立

（一）成年人保护的登记公示制度

“法律的任务或作用，并不是创造利益，而只是承认、确定、实现和保障利益。”① 现代社会的民事活动并非孤立的简单的个体性活动，而是交织着纷繁多样的市场交易关系。在今天，一方面民事法律关系的客体在近乎无限的开放包容中得到空前扩张，有形财产动态变异复杂且种类形式不断丰富，无形财产及有形财产的权利化、价值化形态层出不穷，另一方面市场交易活动在自主性、竞争性、开放性和契约化、信用化规律作用下，空间跨度增大，交易辐

① 付子堂：《法律功能论》，中国政法大学出版社 1999 年版，第 28 页。

射面宽广，交易形式多样，交易速度迅捷，“陌生人”对象增多，社会资源配置对民事活动的交易依赖性不断增强。这一态势既促进了社会财富的频繁交易增值和效用，也加剧了市场的动态风险，从而对交易活动的安全和效率同时提出了更高的要求。在此背景下，民法的诸多制度不得不创新价值取向，将功能重心定位从保护财产的静态利益转向维护动态利益，从维护主体的起始归属权转向维护市场交易安全，从增进财产的使用价值转向增进财产的市场交换价值。①

成年人中虽然有的没有充分的意思能力和足够的处理自身事务能力，但他们作为社会成员，仍与住房、医疗、财产等相关的民事活动有着密切的联系，以他们为主体的民事活动，不仅体现着其自身的利益，也体现着活动相对人和第三人的利益；不仅涉及单一的民事活动秩序，而且关系着市场交易安全和社会经济利益；不仅是微观领域的民事关系，而且连接着整个市场秩序和社会财富的安全、高效、迅捷、公平的流动配置。因此，与现代民法的整体创新同步，新的成年人保护制度从制度价值上也应当兼顾维护民事活动市场交易安全。而按照现行民法通则的规定，被宣告为无行为能力的精神病人为法律行为，必须由其监护人代理，否则一概无效；被宣告为限制行为能力的精神病人独立实施的法律行为，其监护人追认的有效，监护人拒绝追认的无效，而在被追认之前其效力是待定的。因此，如何兼顾交易安全与成年障碍者的权利保护，这是值得深入研究的重要问题。

新《法国民法典》第493—2条、第509条第2款规定设立监护或财产管理以后，应于受保护的人的出生证书备注栏上加以记述，以公告的方式产生对抗第三人的效力。② 日本成年后见登记制度普适于法定后见和任意后见，新的登记制度取代了旧制度中在本

① 李洪星：《试论老年监护制度的功能》，载《技术经济与管理研究》2005年第5期，第116页。

② 参见罗结珍译：《法国民法典》（上），法律出版社2004年版，第414、424页。

人户口上记载禁治产、准禁治产宣告内容的公示办法。其具体内容有：（1）登记所。法务大臣指定的法务局或者地方法务局办理成年监护的登记工作。（2）程序。根据委托或者申请，登记官在用磁盘储存装置制造的监护登记档案上记录法定监护或者任意监护合同的内容。法定监护的登记，根据家庭法院的委托，在监护登记等档案上记录法律规定的登记事项，按每个监护开始的审判时间顺序，编成登记记录。任意监护的登记，一种是在任意监护合同订立后，由公证人提出登记委托；另一种是在家庭法院选任监督人后，由家庭法院提出登记委托，由登记机关予以监护登记，按每个监护合同成立的顺序，编成登记记录。此外，任意监护合同发生其他变更事项时，都应在登记机关进行登记。①

笔者建议，以成年人保护的登记的方式取代剥夺或限制行为能力宣告。新的成年人保护制度是以尊重和保护行为人的意思自治为前提的，因此对其设立保护的登记并不会像行为能力宣告那样侵犯个人的隐私权，而是为了在一定程度上保障交易安全的需要，相关相对人可以到登记部门查阅对方的成年人保护方面的基本信息。登记后由登记机关发给被保护人书面的登记证明②，可以满足交易相对人的需要，使得交易更为便捷、安全。

（二）意定监护制度的创设

1. 现有制度之不足。

我国现有的保护成年人的制度，除设立监护人外，当当事人基于心理或身体的原因不能或不便亲自进行民事行为的，可以采用我国《合同法》中的委任制度，委任他人代为民事行为，只要合同内容不违反强制性规定，法律不对其加以干涉。显然这种委任合同是当事人意思自治的产物，但它不同于日本的意定监护制度，同时注重国家监督的干预，委任合同的当事人没有受到公权力机关的监督，并且当委托人没有能力监督、控制受托人时，更无法有效地保

① 参见李霞：《成年后见制度的日本法观察》，载《法学论坛》2003 年第 5 期，第 91 页。

② 如同身份证明、婚姻状况证明的功能。

证委托人的利益。更为重要的是，代理制度无法顾及被代理人的人身照顾事宜，没有意定监护的同时对人身方面和财产方面保护的兼顾性。

2. 意定监护的基本意义。

意定监护设立的意义在于体现了尊重自主决定权的理念：当事人意思自治及自主决定权的尊重，是现代民法的基本原理。本人人格及主体性因此受到最大程度的尊重，与现代社会注重提高被保护人生活品质和谋求被保护人利益最大化的目标是相符的。

3. 意定监护的创设。

意定监护制度的引入应与法定监护制度相辅相成。并且意定监护制度为成年人保护制度的核心，法定监护成为辅助性的机制。《德国民法典》第1896条第2款明确规定，“仅得就有必要照护的职责范围内选任照护人。该成年人的事务，由于不属于第1897条第3款所称之人的意定代理人，或在未选任法定代理人的情况下，由其他辅助人可恰如照护人处理一样获得处理的，照护即为不必要”。① 即表明本人如能由家族、友人、邻人或任意法定代理人等的援手，足以处理自己的事务时，则无为其指定法定照护人的必要。也就是当意定监护人能够充分发挥其作用时，无须发动法定监护，两者的适用顺序以意定监护为优先。德国1992年实施的成年照护法主要是针对法定监护制度而规定的，一般而言观念上认为德国的监护是法定监护，但应注意新修改的照护法对法定监护是以“补充性原则”作为照护制度的指导原理的。对德国的监护制度全面观察，会发现德国的照护法实际上是以意定监护制度为前提来设计的。② 英国的持续性代理权授予是最典型的意定监护制度，持续性代理权授予法将“代理权授予者的意思能力丧失则代理权会当然失效”的普通法原则予以修改。而美国的持续性代理权授予制度不仅以财产管理为对象，而且在本人健康护理方面也能提供保护。

---

① 陈卫佐译：《德国民法典》，法律出版社2006年版，第563页。

② 刘得宽：《成年监护法之检讨与改革》，载《政大法学评论》1999年第62期，第239页。

第二节　成年人保护关系的动态分析

对成年人保护关系的动态分析主要包括成年人保护关系的设立和终止。

一、成年人保护关系的设立

成年人保护关系的设立意味着成年人保护的开始，也就是成年人保护发生的原因，指具备了设立成年人保护的条件并发生保护的状态。各国法律规定了不同的成年人保护发生原因。

1. 以个人没有处理事务的能力而受保护为标准。

《瑞士民法典》第 372 条规定："成年人，经证明因年老体衰，或其他疾病，或无经验不能处理自己的事务时，经自己申请后可为其安排监护。"① 《德国民法典》第 1896 条规定："成年人因心理疾患或身体上、精神上或心灵上的残疾而完全或部分的不能处理其事务的，监护法院根据该成年人的申请或依职权为其选任照护人。申请也可以由无行为能力人提出。成年人因身体上的残疾而不能处理其事务的，仅得根据该成年人的申请为其选任照护人，但该成年人不能表明其意思的除外。"② 这一标准包括由于精神疾病、精神障碍、年老、身体残疾、心灵残疾及心理疾患并包括体能的原因而不能处理自己事务的人都可以设立成年人保护，涵盖的对象范围清楚而明确。

2. 以个人需要得到他人保护、代理和指导监督为标准。

《法国民法典》第 488 条、第 490 条、第 491 条、第 492 条、第 508 条规定的成年人保护的对象是：在人的精神官能受到疾病损坏或因残疾或年龄而衰弱时、身体官能受到损坏妨碍当事人表达其意思以及由于挥霍浪费、纨绔不羁、游手好闲，有可能自陷贫困或

---

① 殷生根、王燕译：《瑞士民法典》，中国政法大学出版社 1999 年版，第 102 页。

② 陈卫佐译：《德国民法典》，法律出版社 2006 年版，第 563 页。

影响履行家庭义务的成年人。① 发生保护的情况是：①在民事生活中需要受到保护的人，得置于司法保护之下；②在民事生活中需要由他人持续代理的，得对其设立监护；③处于尚不属于自己完全不能实施行为的状态，但在民事生活中需要得到指导与监督时，可以对该人实行财产管理。这一标准是指“需要”得到他人的帮助、监督和指导，这一标准使人无法客观地评判民事主体是否属于这一标准所包括的保护对象，具有不确定性。

3. 以个人欠缺辨识事理能力的程度不同为标准。

《日本民法典》第7条、第11条、第15条规定了后见、保佐和辅助开始的原因②：（1）对于因精神上的障碍而欠缺辨识事理能力且已经处于常态的人，可以设立后见；（2）对于因精神上的障碍而辨识事理能力明显不足的人，可以设立保佐；（3）对于因精神上的障碍而辨识事理能力不足的人，可以设立辅助。这一标准是专指“欠缺辨识事理能力”的人，对于老年人、精神耗弱的人、残疾人及身体机能等原因而不能自己处理事务的人，并不一定是辨识事理能力欠缺，但他们同样需要得到他人的帮助才能完成相应的民事行为，因此这一标准也具有不周延性。

综合上述标准及前文分析，我国成年人保护关系的发生原因主要应当包括意思能力的欠缺（我国传统监护的发生原因）和虽有意思能力而欠缺处理自己事务的能力，具体而言包括精神障碍者、智力障碍者、老年人、身体障碍者，应当注意的是，对他们所采取的成年人保护方式是不同的。

二、成年人保护关系的终止

成年人保护关系的终止即构成保护法律关系要件的消灭，包括绝对终止与相对终止。

---

① 参见罗结珍译：《法国民法典》（上），法律出版社2004年版，第403～410、415页。

② 参见渠涛：《最新日本民法》，法律出版社2006年版，第5、7页。

（一）绝对终止

所谓绝对终止是指由于被保护人的原因，保护的必要性消灭，无另置保护人的必要。《瑞士民法典》第441条规定："监护人的职务，在其无行为能力或死亡时终止。"①

美国法上将监护关系的终止分为以下几类：（1）受监护人死亡：因需保护对象的不存在，监护当然终止；（2）监护人能力的回复：通常由受监护人自行向法院提起终止监护的申请，监护人同意受监护人行为能力已回复，再无监护必要时，双方之间并无争议；但如监护人反对终止时，由受监护人负担行为能力已回复的举证责任。②（3）监护人死亡、由于无行为能力或辞任的情形，监护并不终止，法院另行指定继任监护人。监护人突发死亡或丧失行为能力时，不宜使受监护人处于无人能代为决定的保护真空状态，法院可于继任监护人指定前先行指定一"暂时"监护人。③

对于我国成年人保护关系的绝对终止可以规定为：（1）被保护人死亡或受到死亡宣告；（2）受到成年人保护的法定原因消失。此时行为人已具备处理自己事务的能力，无须设立保护。

（二）相对终止

保护的相对终止又称保护人的更换，是指保护的必要性并未消灭，仅保护人终止其保护职务而有另置保护人的必要，因此它只是现有保护人因出现特定原因不能继续履行监护时，将发生的监护义务转移。《瑞士民法典》第442条规定："监护人的职务在其任期届满且未连任时终止。"④

---

① 殷生根、王燕译：《瑞士民法典》，中国政法大学出版社1999年版，第120页。

② See Lawrence A. Frolik & Richard L. Kaplan, *Elder Law in a Nutshell*, 2nd Edition, West Group, 1999, p. 246.

③ See Lawrence A. Frolik & Melissa C. Brown, *Advising the Elderly or the Disabled Client : Legal, Health Care, Financial and Estate Planning*, 2nd Edition, Warren, Gorham&Lamont, 2000, Appendix 22-31.

④ 殷生根、王燕译：《瑞士民法典》，中国政法大学出版社1999年版，第120页。

对于我国成年人保护关系的相对终止可以规定为：（1）保护人死亡；（2）保护人被撤销保护资格；（3）保护人丧失保护能力；（4）保护人因正当理由辞职；（5）被保护人的保护原因发生变化，须变更保护人的类型。

第三节 成年保护人的选任

成年保护人是指作为对保护人实施保护行为和负责相关保护事务的主体。由于成年保护人必须基于被保护人的利益，来履行保护义务，其扮演的角色十分重要，因此担任成年保护人的条件有着严格的要求。

一、成年保护人的资格

所谓保护人的资格，可分为积极资格与消极资格。积极资格指担任保护人所应具备的要件，消极资格则是针对不得担任保护人的条件而言的。保护人是为保护处于弱势的成年人而设的，所以应具备相当的能力且须忠于受保护人的利益，才能胜任。

（一）积极资格

《德国民法典》第1896条规定：选任照护人的要件为①：（1）申请人必须是成年人，如未成年人需要监护的则不能提出这一照护要求。（2）申请人罹患精神疾病或身体发生障碍。其实质要件为：一是处于身体、智能或精神障碍等医学状态。二是不能处理自己的事务，所谓"事务"包括财产的管理以及身体上的照护。（3）依本人申请或法院依职权为照护人的选任。

《德国民法典》第1897条第1款规定了作为照护人的自然人的选任条件：该自然人适合于在法院规定的职责范围内，在法律上处理被照护人的事务，且在为此所必要的范围内，亲自照护被照护人。第1897条第5款规定，成年人未对任何可被选任为照护人的人选提出建议的，在挑选照护人时，必须考虑与成年人的血统关系

---

① 参见陈卫佐译：《德国民法典》，法律出版社2006年版，第563页。

或其他个人联系，特别是与父母、子女、配偶和同性生活伴侣的联系以及利益冲突的危险。①

但是对于老年人而言，优先考虑本人的父母、配偶的可能性并不是绝对的，因为他们也都是属于年龄高于或同于本人的老年人，并无充足的照护能力，可选任与本人关系良好的邻人、好友，同时也可考虑照护人本人的价值观及爱好等因素。因此，从被保护人的利益出发，我国成年保护人所应具有的积极资格为：（1）须为成年人且有处理自己事务的能力；（2）适宜照顾、保护被保护人；（3）与本人无利害、冲突关系。

（二）消极资格

日本民法虽未就成年监护人②等设有积极资格的要件，但设有消极资格的限制，此外也例示性地规定家庭法院选任成年监护人时所应考虑的情况，确保成年监护人的适格性。《日本民法典》第847条规定了成年监护人欠缺资格的事由，下列人等不能作监护人：（1）未成年人（未成年人判断能力未臻成熟，不适合于成年监护人等的任务）；（2）经家庭法院解任的法定代理人、辅佐人或辅助人（因不正当行为或不适任等理由经家庭法院解任其成年监护人或未成年监护人的地位，或受亲权、管理权丧失的宣告者，也不适合于成年监护人的任务）；（3）破产人（破产人是丧失自己财产管理权的人，不适合执行管理他人财产的成年监护人的任务）；（4）对被监护人提起诉讼或曾经提起过诉讼的人及其配偶和直系血亲（此等人及其近亲属是与成年受监护人有利害关系的人，故不得担任保护人）；（5）行踪不明者。③

建议我国立法对成年保护人的消极资格作如下规定，即下列人不得担任保护人：（1）欠缺行为能力的人；（2）被撤销保护资格的保护人；（3）与被保护人有诉讼利害关系的人及其配偶、直系亲属；（4）因身体等原因无监护能力的人；（5）下落不明的人；

① 参见陈卫佐译：《德国民法典》，法律出版社2006年版，第564页。

② 日本的保佐和辅助准用成年监护的相关规定。

③ 渠涛：《最新日本民法》，法律出版社2006年版，第180页。

(6) 有明显不利于被保护人或有利益相反因素的人。

(三) 任职期限

《法国民法典》第496-1条规定:"除配偶、直系卑血亲和法人之外,任何人对成年人的监护均不负担超过5年时间的责任。此期限届满,监护人得请求并且应当获准替换。"① 《瑞士民法典》第415条规定:"(1)监护人通常任期2年;(2)监护人任期届满,经认可,继续留任2年;(3)监护人连任4年后,有权拒绝继续连任。"②《意大利民法典》第426条规定:"任何人连续担任禁治产人的监护人或者准禁治产人的保佐人的期限均不得超过10年,配偶、尊亲属或卑亲属担任监护人或保佐人的,不在此限。"③ 德国的监护期限修订后确定保护人的任期最长为5年,最低每隔5年要重新选任。

我国现行民法没有规定监护人的任期,对未成年人的监护直至其成年满18周岁时终止,对精神障碍者的监护如其未能完全康复实际上则是永久性的,这无疑将加重监护人的负担,也使得其他愿意照顾被监护人的人没有相应的机会。因此,我国应当规定成年保护人的任职期限,使有资格担任保护人的人轮流充任保护人,并且保护人在保护期满后有权决定继续担任或辞任。建议立法条文规定为:"我国成年保护人的任职期限为5年,期限届满原保护人可以辞任,同时应另行确定新的成年保护人。原保护人期限届满后自愿继续担任的,由法院批准后可以延长5年,但连续担任不得超过10年。"

二、成年保护人的确定

(一) 临时监护人的设立

监护原因发生后到监护开始之前会有一段时间,进行设立监护

---

① 罗结珍译:《法国民法典》(上),法律出版社2004年版,第415页。

② 殷生根、王燕译:《瑞士民法典》,中国政法大学出版社1999年版,第114页。

③ 费安玲、丁玫译:《意大利民法典》,中国政法大学出版社1997年版,第120页。

的申请、是否有必要设立监护的审查和选择监护人的事务等事宜。在这样一段时间里，如果不给予可能需要监护的人任何保护，有违监护立法的本意，因此各国大多规定了一些过渡性的保护措施，如法国的“司法保护”、意大利的“临时监护”和“临时保佐”、德国的“假监护”、美国的“暂时监护人”等。

《法国民法典》第 491 条、第 491－1～491－6 条规定了“司法保护”。在监护法官受理有关监护与财产管理的案件时，可以将需要保护的成年人置于司法保护之下，保护时间为整个诉讼期间。《意大利民法典》第 419 条、第 422 条、第 423 条以及第 427 条规定了“临时监护”和“临时保佐”。在请求宣告禁治产和准禁治产诉讼中，法官在对被申请人检查后认为必要时，为被申请宣告禁治产的人设立临时监护人，为被申请宣告准禁治产的人设立临时保佐人。临时监护人和临时保佐人的职务与监护人、保佐人的职务内容相当。担任临时的监护人和保佐人的职务到法官作出终审判决时止。①

美国法上依监护的期间区分，可分为：一般监护人与暂时监护人（Temporary Guardianship）或紧急监护人。通常监护人的权限限于指定后即存在直至监护关系终止之时（例如受监护人死亡或无行为能力事实消失，或监护人死亡有辞任或解任的事由）终了。当无行为能力人遭受危及生命的紧急状态时，法院须任命暂时或紧急监护人，通常任命最近亲属（Next of Kin）在一短期期间（39 天或 90 天）担任暂时监护人，法院仅授予处理该紧急事态的必要权限。为能够快速指定暂时监护人，许多州法都简化程序上的要求，例如通知要式的放宽、时间限制的压缩等。如需要协助的状态持续，法院应另举行听证程序指定永久监护人。田纳西州、弗吉尼亚州、华盛顿州除外的 47 个州对于紧急监护人设有规定。②

---

① 陈苇：《外国婚姻家庭法比较研究》，群众出版社 2006 年版，第 489 页。

② See Lawrence A. Frolik & Melissa C. Brown, *Advising the Elderly or the Disabled Client: Legal, Health Care, Financial and Estate Planning*, 2nd Edition, Warren, Gorham&Lamont, 2000, Appendix 22-3.

在我国目前并没有临时监护人，因此为了避免在确定保护人之前，被保护人的权益受到侵害时出现法律保护上的“真空”状态以及当被保护人的生命有紧急危险时，应当引入和确立临时监护人，保障被保护人的权益得到完满的保护的状态，使其能够及时地获得法律的保护。临时保护人的选任应当具有简便性、及时性。当保护关系中止、丧失或者终止时，新监护人尚未确定时，被保护人的近亲属可以协商确定临时保护人，以保护被保护人的利益。成年保护人设立后，临时保护人的职责自动转移给成年保护人。

（二）公职监护人的重塑

美国的马里兰州（Maryland）法律规定了公设监护，即指地区的行会服务部门主管或是地区老人监护主管，被指定为监护人。如果被保护人未满65岁，则指定地区社会服务部门主管为其监护人，假如其年龄为65岁以上，则指定地区公设看护老人的主管为其监护人，公设监护只提供人身监护服务，而没有财产看护服务项目，假如没有人愿意成为此人的财产监护人，法院会指定律师为其财产监护人，律师费从此人的监护财产中扣除。① 如果家人、朋友不愿意成为监护人，则必须指定公设监护人，社会服务部门主管就必须替代监护人的角色，定期探视被保护人并确保其得到服务。公设监护与私人监护的功能完全相同，提供三餐、衣物给本人并从其专款中支付费用、签署医疗照护同意书、决定居所等事务。公设成人监护检视委员会是马里兰州及巴尔的摩市为了检视公设监护机构所成立的组织，委员会的成员是由志愿者及地方政府官员所组成的。委员会定期每年两次检查公设成年人监护机构，目的是为了确保公设监护机构正常运作，本人可以出席检查会，也可委任律师出席检查会。委员会收集相关讯息，并听取本人的意见，包括本人的律师及对案件有重要性的相关人士所提供的信息，以检查公设监护是否作出不合规定的事情，并提出改善建议以改进所发生的问题，同时提

---

① See Joan O'Sullivan, *The Guardianship Handbook—A Guide to Adult Guardianship and Guardianship Alternatives in Maryland*, University of Maryland School of Law, 1998, 1st Edition, p. 46.

报法院是否继续监护，或修改或终止监护行为，但法院不一定会采纳委员会的建议。①

因此，可以建议在没有合适的保护人人选时，应由当地的民政部门或社会保障部门担任成年保护人。

三、成年保护人的权利

（一）代理权

按照《德国民法典》第1902条规定的照护人与被照护人之间的对外关系，“照管人于职务范围内，在裁判上或裁判外，代理被照管人”。② 这一法条确认了照护人为被照护人法定代理人的地位。

代理是代理人在代理权限内，以被代理人（本人）的名义或以自己的名义独立与第三人实施的法律行为，由此产生的法律效力直接或间接归属于本人的法律制度。代理就是民事法律行为的代理。③ 成年保护人的代理权属于法定代理权，其代理权限由法律规定。在代理权限内，以被代理人的名义实施民事法律行为，代理人行使代理权系为本人谋取利益。与购买日用品及其他日常生活相关行为，本人可以亲自进行。成年保护人的代理权为一般代理，也称概括代理。成年保护人，不仅对财产管理相关事项，对于与人身事务相关的行为也有概括代理权，但本人遗嘱、婚姻等具有人身专属性的行为除外。在保护人实施的与被保护人利益相反的行为时，应得到保护监督人的同意，或者向法院申请设立临时保护人，如果违反，则该行为构成无权代理。

（二）法律行为的同意权与撤销权

1. 一般法律行为的同意权。

对无意思能力（行为能力）人设立的成年监护人享有同意权。

---

① See Joan O'Sullivan, *The Guardianship Handbook—A Guide to Adult Guardianship and Guardianship Alternatives in Maryland*, University of Maryland School of Law, 1998, 1st Edition, p. 46.

② 陈卫佐译：《德国民法典》，法律出版社2006年版，第567页。

③ 参见王利明：《民法》，中国人民大学出版社2005年版，第192页。

对限制行为能力人设立的成年保佐人对限制行为能力人从事与其年龄、智力、精神健康状况不相适应的行为享有同意权，未经其同意的可以撤销。

2. 撤销权。

成年保护人可以撤销被保护人实施的规定允许其从事的范围之外的行为。但是为尊重本人自我决定权，本人实施的购买日用品以及与日常生活相关的必要性的行为、纯获法律利益的行为不能撤销。欠缺意思能力的成年人根据设立的不同保护类型，其可撤销的行为范围是不同的。其中保佐人的撤销权、同意权行使的范围是被保佐人所不能独立实施的与其年龄、智力、精神健康状况不相适应的行为。

（三）医疗处置的特别规定

1. 德国法中医疗的说明与同意。

关于医疗处置方面的特别规定，可以借鉴、参考《德国民法典》第1904条的规定，即“照护人对健康状况检查、治疗或手术的允许，必须得到监护法院的批准，但以存在被照护人因该措施而死亡或遭受严重的和长期的健康损害的有根据的危险为限。仅在延缓会遭到损害的危险时，才能不经批准而实施该措施。”① 这是针对医师对于无同意能力的被照护人实施健康检查，或其他医疗行为并且有导致被照护人生命、身体法益遭受侵害的可能时，对于医生病患之间所适用的“说明与同意原则”的特别规定。

2. 病人的同意权与医生的说明义务。

（1）病患的同意权。

①同意能力。病患的同意当然需要具备同意能力。同意能力的标准各国不一，各国学说、判决大致采纳“有识别能力的成年人”为标准。对于不具备识别能力的未成年人、心神丧失者、精神障碍者、事实上无同意能力者（植物人、昏迷不醒者等），则应获得其法定代理人或其他亲权人的同意。

②代理权滥用的处理。代理制度在于补充无同意能力人的不

---

① 陈卫佐译：《德国民法典》，法律出版社2006年版，第567页。

足，以谋求病患的最佳利益为目的，因此法定代理人如有滥用代理权的情形，法院得剥夺其代理权并自行裁定应如何作为。

（2）医师的说明义务。

①说明的意义与目的。医学为非常专业的领域，一般人通常不具备该类知识，纵然法律赋予病患自决权，如未提供充足的资讯给病患，则该法律预期目的将难以达成。因此医疗法规课以医师有说明的义务，让病患作出理性的选择。医师如未善尽说明义务，即使达成医疗效果仍无法免除其民事、刑事等责任。

②说明的内容与范围。医师对于病患说明的事项，通常区分为以下三类：a. 医疗行为的种类、医疗方法、医疗实施范围、医疗行为的效果，若不实施医疗将对病患产生何种影响等有关医疗行为本身的说明。b. 于医疗行为过程中所可能发生的副作用或重大危险。c. 关于诊断的说明与告知。①

由此可以建议，我国的成年保护人，对于丧失同意能力的被保护人所享有的医疗同意权的行使应有着严格的条件：首先应当是在获得医生的充分说明之后；其次，符合被保护人的最佳利益或遵循被保护人丧失同意能力前曾确定表示的意愿；最后，不得涉及终止被保护人的维持生命处置。

（四）报酬请求权

监护人可否因监护行为取得报酬，各国立法大致有三种类型：第一，无偿原则，即不但法律明文规定监护是无偿的社会义务，而且实际上也不会向监护人支付报酬。我国现行立法也是如此。第二，有偿原则，即认为监护本身就是一项有代价的职责，履行了监护职责就应该获得报酬，如美国、瑞士。在美国，监护人作为法院的公职人员，许多州都规定了监护人的费用及开支的条款。而《瑞士民法典》第416条明确规定："监护人有从被监护人财产中接受报酬的权利，报酬金额由监护官厅根据其为管理财产付出的劳

① 李沃实：《德国成年照护法之解析》，载台湾《警大法学论集》1999年第4期，第421～423页。

务，以及该财产的收益，并以每计算年度而定。"① 第三，补偿原则，法律规定监护是无偿的或者没有将获得报酬作为是监护人的权利，在法律规定的情况下，考虑到监护人和被监护人的财产状况以及监护劳动本身的难度，由监护权力机关决定是否给予以及给予监护人的报酬数额。② 如《法国民法典》第 454 条许可亲属会议在监护开始实施后，根据预算与受管理的财产的数量，给予监护人补偿金。③《德国民法典》第 1836 条规定监护法院得依据受监护人的财产及监护职责的性质批准给予监护人适当报酬。《日本民法典》第 862 条的规定"家庭法院可以视监护人及被监护人的资力等状况，从被监护人的财产中，付给监护人以相当的报酬"。④

从上述的分类可以看出，多数国家会考虑实际情况给予监护人津贴或法院认为适当的报酬，这样的规定很灵活，既不会增加国库的负担又考虑了监护人的具体情况。对于我国而言，为鼓励保护人积极履行保护职能，实现成年人保护制度的立法目的，同时也为了体现民法上关于权利义务一致的原则，有必要赋予保护人报酬请求权。因此笔者建议相关立法可作如此规定：成年保护人可以享有从被保护人财产中请求支付一定的合理报酬的权利，报酬数额由法院依据被保护人财产状况和保护事务的繁简程度而确定，但与被保护人有法定监护和扶养关系的人不得享有此项权利。

（五）辞任权

监护人由于智力、体力的相对欠缺或其他客观原因而难以履行或适当履行监护人义务时，许多国家的法律赋予了其辞任权或拒任权。辞任或拒任权是指监护人有正当的事由，可以辞任或拒任成年保护人的权利。《瑞士民法典》第 383 条规定，可以拒绝接受监护职务的情况有："（1）已年满 60 岁者；（2）因身体缺陷而难以自

---

① 殷生根、王燕译：《瑞士民法典》，中国政法大学出版社 1999 年版，第 115 页。

② 陈苇：《外国婚姻家庭法比较研究》，群众出版社 2006 年版，第 497 页。

③ 参见罗结珍译：《法国民法典》（上），法律出版社 2004 年版，第 393 页。

④ 渠涛：《最新日本民法》，法律出版社 2006 年版，第 184 页。

行行使亲权者；（3）已对4名以上的子女行使亲权者；（4）已接受一项特别耗时间与精力的监护职务或两项监护职务者；（5）现任联邦委员会成员、联邦总理及联邦法院法官；（6）经各州免除该义务的州官厅的官员。”① 关于拒任，《德国民法典》第1786条规定，可以拒绝担任监护工作的情况包括：（1）主要照护2个以上无就学义务的子女，或能够证明其所负担的、对家庭的照料长期使监护职务的行使变得尤为困难的父母一方；（2）已满60周岁的人；（3）有权照顾多于3个的未成年子女或其财产的人；（4）因疾病或残疾而不能执行监护的人；（5）因住所远离监护法院，不特别受烦扰就不能执行监护的人；（6）应为共同执行监护而与他人一起被选任的人；（7）执行一宗的监护、照护或保佐的人；对2个以上兄弟姐妹的监护或保佐，只视为一宗监护或保佐；执行2宗监护监督，视同执行一宗监护。②《德国民法典》第1889条第2款还规定了根据自己的申请而免职：“有监护人以外的合适的人，并且被监护人的最佳利益与免职措施不相抵触的，监护法院必须根据身为监护人的少年局或者社团的申请，免去其职务。另外，有重大原因时，必须根据社团的申请，免去其职务。”③ 《法国民法典》第428条也作了详细的规定。

应当赋予我国的成年保护人辞任权，可以辞任或拒任的事由，主要有以下几方面：（1）年满60周岁（因年老衰退原因而可能需要受到他人的照顾，故可不再担任）；（2）身体有缺陷、疾病导致履行事务有困难的（因身体能力不能达到保护他人的目的，也可不再担任）；（3）已接受两项以上的其他保护事务的（保护事务重要并繁琐，因此不宜由同一保护人同时担任两人以上的保护人）；（4）被保护人提议而辞任，并有合适的愿意担任保护人的人选（尊重被保护人的意愿，同时为保障保护事务的连续性，有接替人

① 殷生根、王燕译：《瑞士民法典》，中国政法大学出版社1999年版，第105页。

② 陈卫佐译：《德国民法典》，法律出版社2006年版，第541页。

③ 陈卫佐译：《德国民法典》，法律出版社2006年版，第561页。

选时也可辞任）；（5）任职期限届满而不愿继续担任的；（6）其他不适合履行事务的合理理由。保护人无正当理由辞任或拒任的，法院可以对其处以罚款，并要求其赔偿因其拒任造成的延误损失。

四、成年保护人的义务

（一）成年保护人义务的性质

1. 忠实关系与忠实义务。

忠实关系是指一方信赖他方并将自己权利托付他方的情形。被信赖托付的一方称为忠实义务人（Fiduciary），他方称为托付人。① 忠实义务起源于罗马法，指居于受托人地位或类似受托人地位的人象征着信任（Trust）和信心（Confidence），并要求高度的善意与无私。忠实义务人是为托付人的利益而存在，以达到托付人的最大利益为目的。

2. 忠实义务的范围。

忠实义务不限于因法律行为而成立，不仅是财产行为，身份行为也可成立忠实关系。而且，因法律行为以外的事实只要有一方合理信赖他方的情势发生，便足以成立忠实关系。因此，忠实义务并非当然的是契约上的法律关系，代理权授予、无因管理、监护都构成忠实关系。无论美国的学说还是法院判决都承认受任人、监护人、代理人负有忠实义务人的责任。在此，我国成年人保护关系也应当认为属于忠实关系，保护人应当基于信任而忠诚地履行保护义务。

3. 忠实义务的内容。

忠实义务是指被信赖托付的一方对他方所应尽的忠诚而且诚实的义务，是一种以他人利益优先于自己利益而行为的义务，忠实义务的核心为：注意义务与忠诚义务。违反忠实义务的法律效果为：负损害赔偿责任（包括损失填补与惩罚性赔偿损害）；利益归于托付人；终止忠实关系；丧失报酬请求权。

---

① 参见谢哲胜：《忠实关系与忠实义务》，载《月旦法学杂志》2001年第70期，第128页。

（二）履行义务的标准

成年保护人履行义务应当根据监护事务内容区分为财产管理与人身利益照顾而实行不同的标准。

1. 善良管理人的标准与处理自己事务相同的标准。

加拿大的安大略省对于人身利益照顾的监护事务要求监护人应向本人说明、尊重本人的希望与指示，禁止强制拘禁、监视装置或强制收容的手段，遵守监护计划，逐年制作报告书；履行义务的标准要求尽心注意而且诚实，查明本人的希望与指示，予以遵从，并尽可能地协助本人自立，选择拘束性与侵袭性最少的行动方针。对于财产的监护事务也要向本人说明，协助本人参与决定，推动本人与家属或友人的交流，咨询本人的家属、友人以及人身利益照护者，所有有关交易账册的保管提交法院，遵守财产管理计划，逐年作成财产报告书；同样履行义务应尽心注意，廉洁而且诚实，就监护人所作的决定，于本人能力允许的范围内，尽量协助其参与。① 对于有报酬的监护人负担财产管理的义务须达到善良管理人的注意程度，而没有报酬的监护人则要求负担财产管理的义务须达到与处理自己事务相同的注意义务。很显然，善良管理人的注意标准要高于与处理自己事务相同的注意标准，这是以监护人是否有报酬而进行区分的，因权利义务的一致性，报酬的有无决定了所负有的义务履行的强度的不同。

2. 最佳利益的标准。

《德国民法典》第 1901 条规定，以被照护人福祉的考虑为最优先原则：被照护人的福祉与希望的实现，即符合被照护人的最佳利益的方式，这是实现照护法最高的指导原则——尊重被照护人的自己决定权，而且被照护人的福祉包含被照护人希望的生活的实现。也就是说被照护人的最佳利益，即包括在其能力所及的范围内按照自己的愿望和想法安排其生活的可能性。②

---

① 参见邓学仁：《高龄社会之成年监护》，载台湾《警大法学论集》1998 年第 3 期，第 359 页。

② 参见陈卫佐译：《德国民法典》，法律出版社 2006 年版，第 566 页。

在美国，监护人执行事务，应以本人意愿优先，代行判断原则次之，最佳利益原则更次之。所谓“最佳利益原则”，即监护人执行监护事务应考量受监护人的最佳利益而为其决定。最佳利益的定义为：监护人所作成的决定必须与受监护人的长期价值信念、意向、生活风格相符。即使受监护人已被法院裁判为无行为能力人，监护人仍应询问受监护人的意见，如果无法沟通，监护人应以受监护人行为能力丧失前曾经表达的意愿或可能的意向决定。如受监护人未曾表明意向的事项，监护人应基于“理性人标准”作决定（A Reasonable Person Would Do Under The Circumstance）。①

我国的成年保护人在履行照顾人身利益义务时应当遵循以下原则：在成年被保护人对具体事项有事先意愿表达的，应当遵照其有意思能力时的意愿处理相关事项；若没有事先意愿表达的，应采取代行判断原则，按照其一惯的价值观及态度作出决断；如事先无法得知本人意愿及生活态度的，则采取最佳利益判断②原则，以符合被保护人的最大利益、最佳利益的决定处理人身方面的保护事务。

（三）违反保护义务的责任

《德国民法典》第1833条规定了监护人的责任：“监护人有过错③的，就因违反义务而发生的损害，向被监护人负责任。”④《瑞士民法典》第426条规定：“监护人及监护主管官厅的有关官员，在执行职务时，应认真尽善良管理人的注意，并对其故意或过失造成的损害负赔偿责任。”⑤

那么我国成年保护人应以善良管理人的标准、忠实地履行保护义务（所负义务的标准与其所享有的权利——报酬请求权相一

---

① See Lawrence A. Frolik & Melissa C. Brown, *Advising The Elderly or The Disabled Client : Legal, Health Care, Financial and Estate Planning*, 2nd Edition, Warren, Gorham&Lamont, 2000, Appendix 22-17.

② 此时与“理性人”的标准相同。

③ “过错”包括故意和过失。

④ 陈卫佐译：《德国民法典》，法律出版社2006年版，第553页。

⑤ 殷生根、王燕译：《瑞士民法典》，中国政法大学出版社1999年版，第117页。

致）。因过错违反保护义务给被保护人造成损失的，应当负损害赔偿责任（损失填补）；所获取的利益应归于被保护人；同时终止保护关系，由法院撤销保护人资格；并丧失报酬请求权。

第四节 成年人保护的基本原则

一、比例原则

为了提高人民的福祉而对人民的自由与权利予以限制之间存在着目的与手段的关系。而目的和限制手段之间的关系势必要予以调和，而这正是作为具有宪法位阶的法律原则——比例原则的功能，使得国家对个人自治和自由选择干预和强制被纳入合乎宪法与理性的范畴。比例原则主要内容包括：

（1）适当性原则。该原则是指所要采用的措施必须能实现行政目的或至少有助于目的的达成，并且该手段是正确的。

（2）最小侵害原则。该原则是指在“适当性”原则已获肯定后，在能达成法律目的的诸方式中，应选择对权利最小侵害的方式。所以又被称为最温和之手段原则、不可替代原则、禁止过度侵害原则。

（3）狭义上的比例原则。该原则是指所采取的手段带来的“弊”，不得超过其所带来的“利”，即手段不得与目的不成比例，它是比例原则的精髓。广义的比例原则不仅约束行政，而且约束立法。① 基本权利的规定除了具有防御请求权之功能，要求立法者不作为之外，还有课于国家保护义务的功能，要求立法者积极地制定保护基本权的法律。现代成年人保护制度的设立应当遵循比例原则，以必要性为前提、适当性为限度来设置保护方式。这也就意味着应当从单个具体的成年被保护人的利益增加来实现社会整体利益的总量增长，对成年被保护人设立的限制其权利的措施

---

① ［德］哈特穆特·毛雷尔：《行政法学总论》，高家伟译，法律出版社2000年版，第239页。

须经利益衡量后，确定为对其侵害的利益小于其被保护的利益并且为必要时，方可设立现代成年人保护方式，从而实现社会的实质公平与正义。

二、最少限制方法原则

“在最少限制的环境中用最少干扰的方法来满足（精神）病人的需求和他人的安全”（简称最少限制原则）——《保护精神病患者和改善精神保健的原则》。①

20 世纪 60 年代以后，行为能力欠缺者保护的法律原则，是美国联邦最高法院于 1960 年 Shelton v. Tucker 一案中所确立“最少限制方法原则（The Doctrine of Least Restrictive Alternative）。② 联邦最高法院于判决中指出：“虽然政府管理公众事务的目的是合法、重要的，但不该以会严重干涉个人自由的手段来达成狭隘的目的。此手段与目的之间的差距的弥补，必须从可以达到同样目的但却不极端的手段着手。③ 也就是说，州政府为达到法律上的目的，所采取的手段必须是对于人们权利侵害最小的方法。1966 年的 Lake v. Cameron 案首次将最少限制原则适用于老龄人的民事强制收容服务。案件的当事人 Lake 女士是一位老年人，她到政府部门查询税务事宜后准备离开时被强制拘留。当时她显得意识混淆不清，之后被监视保护，最后被送入医院。法官认为仅“精神疾病”并不足以否定个人基本自由的权利，基本自由是人之所以为人的价值体现，而任何解决问题的方法应该以最不伤害公民权为最大考量。因此法院驳回将 Lake 女士送入机构安置的请求，要

---

① 联合国大会 1991 年 12 月 17 日第 46/119 决议，http：//daccess-dds-ny. un. org/doc/RESOLUTION/GEN/NR0/579/85/IMG/NR057985. pdf? OpenElement，2007 年 11 月 8 日访问。

② Lawrence A. Frolik & Melissa C. Brown，*Advising the Elderly or the Disabled Client：Legal，Health Care，Financial and Estate Planning*，2nd Edition，Warren，Gorham&Lamont，2000，Appendix 20-2，20-3.

③ Norman Fell，*Guardianship and the Elderly：Oversight not Overlooked*，University of Toledo Law Review，1994，p. 201.

求尽可能以较少限制方法来解决该女士因精神疾病导致功能不足的问题。①

笔者认为，对于老年人在尚未完全丧失心智能力前，其自主权虽不能如正常的年轻人一般行使，但为充分尊重老年人，我国有必要采取“最少限制方法原则”实行限制保护制度，由法院就被保护人所丧失的部分心智能力裁判为部分无行为能力，法院赋予保护人的权限是仅限于当事人所丧失的功能部分。受保护人功能丧失减损的范围增加时，方可增加保护人的权限。任何扩大或改变限制保护范围的请求都应被视为对受保护人权利的剥夺或限制，法院应予以严格审查。

第五节　成年人保护对象范围的扩张

目前，我国有一些处于弱势地位的群体——老年人、残疾人、植物人等，他们因为身体或智力上的不足，没有充分的能力处理自己的事务。现代成年人保护制度的设立目的就在于保护身体上、智能上、精神上、心灵上存在障碍而不能处理自己事务的人的合法权益。因此，成年人保护的对象应不仅限于现有民法上的精神病人（含痴呆症者），应当将其保护范围扩张，将那些同样享有获得保护权利却被忽视的民事主体也纳入到成年人保护的制度中来。

一、老年人的照护

人口老化，是各国面临的严峻的社会问题。有关老年人的财产管理、人身照顾、安养、救护、治疗是综合性的社会问题，因此要求创设应对该问题的新制度。对此问题的化解已成为国家宏观立法与制度政策的共同使命，当下对老龄问题的研究主要集中在社会学、经济学、人口学、医学等领域，从法律制度层面研究老龄问题

---

①　364 F. 2d 657, D. C. Cir 1966, http://openjurist.org/364/f2d/657/lake-v-c-cameron.

的较少。①

我国《老年人权益保障法》也注意到老年人权益保障的重大问题，该法第11条第1款规定："赡养人应当履行对老年人经济上供养、生活上照料和精神上慰藉的义务，照顾老年人的特殊需要。"第11~15条全面规定了赡养人的具体义务，包括：（1）物质上的赡养。生活费用的提供是最基本的，当被赡养人患病时应当提供医疗费用和护理费用。应当妥善安排老年人的住房，不得强迫老年人迁居条件低劣的房屋。赡养人不得以放弃继承权或者其他理由，拒绝履行赡养义务。赡养人不得要求老年人承担力不能及的劳动。赡养人配偶应当协助赡养人履行赡养义务。（2）日常生活中的扶助。对于年老体弱、丧失生活自理能力的父母给予照顾、扶助。（3）精神上给予慰藉。父母进入老年后需要亲情的慰藉，以克服孤独感。精神赡养是社会经济发达以后更为重要的赡养义务。但这种赡养方式仍不足以解决老年人的人身、财产、医疗等多方面问题，亟待更为详细、周全的保护机制的设立。

高龄人口的急剧上升使得因年老而患上老年痴呆性疾病或其他身心障碍的老年人的照护需求大为增加。笔者认为，应当将因高龄而无法全部或部分处理自己事务的老年人列为需要保护的对象。老年人的特点是随着年龄的增加而逐渐丧失意思能力或判断能力。正如美国法学家理查德·A. 波斯纳所论述的："老年痴呆症为法律能力（例如立遗嘱、定契约的能力，或者作为证人作证的能力）和法律责任（例如犯罪行为）提出了一些不论在分析层面上还是在实践层面上都令人着迷的问题。我们知道老年痴呆症是进行性的，与老年特别常见但相对不严重的苦恼——轻微的认知障碍——不同。如果仅仅因为证实一个人有最早期老年痴呆症的症状，例如偶尔不辨方向、失去短期记忆等，就认定这个人没有能力改变遗嘱、

① 老龄化包括人口老龄化（人口老化）和个体老化（个别的老化），由于人口老龄化和个体老化给社会经济、社会发展以及老年人带来的问题统称为老龄问题。参见李霞：《论成年行为能力欠缺者的监护》，载《民商法论丛》第34卷，法律出版社2006年版，第396页。

签订租约、在法庭上作证、因犯罪行为遭起诉，这将是荒谬的。同样，如果给一个连自己最亲近的家人都不认识的人以法律能力或责任也是荒谬的。但是该如何在连接这两个极端的线条上划出分界线？老年痴呆症的持续增加使这成了一个紧迫的问题。"① 因此，已往那种定型化的保护方式无法完全应对。对这部分老人设立成年人保护，按照其意思能力和处理事务能力的不同，以监护、保佐或辅助的方式对他们进行身体照料和财产管理，同时老年人并不因此而完全丧失行为能力，保护人应尽量尊重老年人的意愿及他们对自己生活的自由决断。

二、身体障碍者的权利保护

所谓"障碍"，是指个体在生理或心理上，出现了某种程度的伤残或功能缺陷，致使其与环境的适应和互动有了困难或受到限制。身心障碍者广泛地分为身体障碍和心智障碍两类。其中身体障碍主要是指身体的某种功能丧失或具有一定程度的缺陷，包括肢体障碍、视觉障碍、听力语言障碍（如聋、哑）、颜面损伤而影响活动的情况，心脏、肝、肾、肺、胃肠道、造血机能等重要器官功能失调或缺陷而影响活动的情况（如连体人）等。这一类人群中虽然有的心智能力尚佳，但由于生理功能先天或后天出现了问题，与正常人相比存在着从事某种行为的能力上的不足，甚至影响其正常的生活状态和合法权利，所以仍然需要对其设立保护人帮助其从事民事法律行为。在此主要选取身心障碍者中的残疾人为研究对象。

联合国大会于1975年制定的《残疾人权利宣言》第7条指出："身心障碍者有权享有经济和社会保障，并过着像样的生活。他们有权按照其能力获得并保有职业，或担任有用处的、生产的、有报酬的工作，并加入工会。"② 残疾人作为特殊的社会群体，由于自

---

① ［美］理查德·A. 波斯纳：《衰老与老龄》，中国政法大学出版社2002年版，第370页。

② http://www.un.org/chinese/documents/instruments/docs_ch.asp?year=1970，2007年12月2日访问。

身条件不足，其参与社会生活的能力和机会受到影响，但作为公民，残疾人享有同其他公民平等的民主权利和民事权利。为确保残疾人正确行使权利，国家对残疾人应给予特别扶助，采取辅助方法和扶持措施，保障残疾人权利的实现。

从我国的民法通则及最高人民法院的相关司法解释来看，我们对于残疾人的保护主要集中于痴呆症和精神残疾人员，对于视力残疾、听力残疾、言语残疾、肢体残疾和其他残疾的人员的私法保护未作全面规定。究其原因，立法的这种情况可能受到行为能力取决于当事人是否具备完整意志的思想影响，即对不能辨认自己行为的意志缺陷者，一律按照无行为能力人或限制行为能力人看待；对于意志健全的残疾人，没有考虑其因肢体、言语、视听力的残缺而应受到保护的问题。比如高位截肢者、聋、哑、盲等残疾人士，即使意志很健全，但由于行动或表达困难，存在着的障碍很大，需要从现代成年人保护制度获得保护，帮助、辅助其从事相应的法律行为并得到日常生活上的照顾，获得身心上的关怀。

三、心智障碍者的照护

心智障碍包括单纯智力障碍（如智力低下）、学习障碍、自闭症、癫痫病人、植物人、慢性精神病、平衡机能障碍、失智症（一种因脑部伤害或疾病造成的进行性认知能力退化，影响记忆、注意力、语言能力，严重时会无法分辨人事物）。在此仅选取较为常见的弱势群体作为研究对象。

（一）智能障碍者

智能也称为智力，通常是指一个人的多种心理品质而表现出来的具有认识客观事物并运用知识解决实际问题的能力。德国心理学家斯腾（Stern）指出智力是个体有目的的行动、合理的思考和有效地适应环境的总和能力。智力不仅包括目前认识客观事物的能力，而且还包括人的潜在能力，人的观察力、记忆力、想象力，又包括改造世界的能力及改造客观事物的能力。思维能力是智力的核心，而创造性的能力尤其是衡量智力的重要标志。具体地说，智力是人的心理活动中最一般的潜能及其转化的智慧行为

（智力即智慧）。

智能障碍者是指在智能与适应行为方面产生了缺陷，并且大多数情况无法因改变环境而彻底去除，只有靠社会大众广泛的接纳、尽量给予适当的教育、支持和援助，提供和谐的社会环境。法律制度要承认表意人表示出来的意思，就必须设定表意人具有理智地形成意思的能力这一前提。① 显然通过上述智力定义的描述，可以认为智能障碍者正是缺乏理智，因而不能形成意思能力，无法完全来主导自己的行为，也就欠缺了相应的行为能力，不能以自己的行为来获取权利义务关系。“人既然是有理性的，他便有能力去独立地创设一种有利于自己的权利义务关系。承认意思自治，就等于承认了人的理性能力。因此，那些尚无理性的人就被排除在意思自治的大门之外，并用代理或者监护制度去弥补这种不足。”② 他们由于不具备足够自由的意志，不能成为法律上“理性”的人，不能完全通过主宰自己的行为来获得法律上的意义，是因为他们没有能力认识自己行为的性质、后果，也没有能力控制自己的行为，于是有必要按照其障碍程度的不同，设立不同的成年人保护制度对其行为能力加以补充，通过其行为能力的补充和延伸实现其“意思自治”，从而对其设立成年人保护的意义也就凸显出来了。

联合国大会于 1971 年宣布的《智力迟钝者权利宣言》第 3 条指出：“智力迟钝的人有权享有经济的安全和适当的生活水平，并有权充分发挥其能力，进行生产工作或从事任何其他有意义的职业。”③ 卡尔·拉伦茨指出，不（完全）具备自由意志的人——如未成年人和智力障碍者——“同样享有人的尊严，他们有权利要

① ［德］迪特尔·梅迪库斯：《德国民法总论》，邵建东译，法律出版社 2000 年版，第 409 页。

② 李永军：《民法上的人及其理性基础》，载《法学研究》2005 年第 5 期，第 19 页。

③ http：//www. un. org/chinese/documents/instruments/docs_ ch. asp? year = 1970，2007 年 12 月 5 日访问。

求别人尊重他们，有生存的权利，有权利获得个人生活的空间。”①作为障碍者，他们仍然是社会中的一员，有权利获得他人的尊重，同正常人一样能够实现自身利益和自我价值，因此在保护其权利的同时还应当注重对其人格的尊重。

（二）精神障碍者的知情同意与自主权

精神疾病是指在各种生物学、心理学以及社会环境因素影响下，大脑功能失调，导致认知、情感、意志和行为等精神活动出现不同程度障碍为临床表现的疾病。② 近几十年来，随着精神医学的进步和世界人权运动的兴起，改善精神病人的社会地位，保障精神病人的人身基本权利，形成一股巨大的社会潮流。20 世纪 80 年代后国际上对保护精神病人的权利更为重视，一些国际组织先后就保护精神病人的权利发表宣言，如 1983 年世界精神病学会修订的《夏威夷宣言》和 1989 年在雅典发表的《保障患精神疾病的人权利的声明》等。③ 这些宣言及世界上许多国家颁布的精神卫生法等，其基本精神都强调病人的自愿，维护病人的自由，尊重病人的自决，主张做到知情同意。宣言中涉及知情同意的具体条款如下：1977 年在夏威夷召开的第六届世界精神病学大会一致通过了《夏威夷宣言》，有关知情同意的内容有：（1）病人与精神科医生的治疗关系应建立在彼此同意的基础上，病者若不能建立这种关系，则同病人的亲属或为病人所能接受的人联系。（2）精神科医生应把病情的性质、拟作出的诊断、治疗措施、包括可能的变化以及预后告诉病人。告知时应全面考虑，使病人有机会作出适当的选择。（3）不能对病人进行违反其意愿的治疗，除非病人因病重不能表达自己的意愿，或对旁人构成严重的威胁。在此情况下，可以也应该施以强迫治疗，但必须考虑病人的切身利益。且在一段适当的时

---

① ［德］卡尔·拉伦茨：《德国民法通论》，王晓晔等译，法律出版社 2003 年版，第 120～121 页。

② http：//baike. baidu. com/view/125376. htm，2008 年 1 月 2 日访问。

③ 参见刘协和：《法医精神病学》，人民卫生出版社 1997 年版，第 148～150 页。

间后，再取得其同意。只要有可能就应取得病人或病人亲属的同意。（4）在临床研究和治疗中，把治疗目的、过程、危险性及不利之处全部告诉病人后，接受与否，应根据自愿的原则，对不能表态的病人，应征得其亲属的同意。（5）若为教学等缘故，需公布病人的资料，需征得同意，并不得公布姓名。①

进入21世纪以来我国各地已经先后通过了六部较为成熟的、作为规范精神卫生领域的基本法规的地方性法规，分别是2001年的《上海市精神卫生条例》、2005年的《宁波市精神卫生条例》、2006年的《北京市精神卫生条例》和《杭州市精神卫生条例》、2007年的《无锡市精神卫生条例》和2010年的《武汉市精神卫生条例》；但一直尚无中央层级的精神卫生立法，统一的法律依据付之阙如。直至2011年6月10日，备受关注的《精神卫生法（草案）》历经26年终于面世，公开征求意见。不少专家学者认为它取得了实质性突破，同时对“被精神病”问题尚存有争议之处；但整体来说，该草案积极推动了精神障碍者权益保护的立法进程。精神病人作为人，享有与精神正常者同等的人权，一般而言，作为精神病患者应享有自行决定治疗和自行决定住院的权利，不能任意限制精神病患者的自由与决定权。对精神病患者的医疗行为建立在征得病患同意的基础上，虽然最初知情同意的理念是基于精神健全的成年人的人权而实施的②，但是不论是从法理方面、我国的法律、法规方面，还是一些国际组织、协会的宣言来看，精神病人享有知情同意权是有充分依据的，即使是精神病人，也应受到知情同意原则的保护。

第六节　成年人保护的监督方式

在设置了成年保护人之后，保护人是否按照要求履行保护义

---

① http://zhidao.baidu.com/question/182784675.html，2011年10月28日访问。

② 沈晓玲、王祖承：《“知情同意”准则在精神科的应用》，载《国外医学精神病学分册》2001年第3期，第135页。

务，有无损害被保护人的利益，需要一定的监督机制来监督和防止上述问题的发生。

一、监督机制

各国及地区有权对监护人①（保护人）履行职责行使监督权的机构有监护权力机构（如监护行政官署或监护法院）、亲属会议以及监护监督人。与前两者相比，监护监督人是自然人，而且依法律规定或由前两者选任而设定。监护监督人是针对特定的监护人和被监护人而设立的职务，只行使监督权，没有对违反职责的监护人处罚或变更的权力。大陆法系的法国、德国及日本都有监护监督人的制度，主要职责一般为监督监护人的事务：在监护人欠缺时，请求法院选任监护人，处理紧急事务；代表被监护人对监护人所为的、损害被监护人利益的行为提起诉讼等。除此之外，有的国家还规定了监护监督人的任职资格与限制（一般排除监护人的配偶和直系血亲），以及产生程序等。监护监督机构是实现监护立法目的的保障，从其职责来看，是完成监护任务、保护被监护人利益不可或缺的一环。监督机构的设置有繁有简：法国的监护监督机构除监护监督人外，还有亲属会议以及民事裁判所。德国的监护监督人在对监护人履行监护职责的监督上辅助监护法院，有违规行为应及时向监护法院报告。②

亲属会议是一种处理家庭或亲属间事务的亲属自治组织，一度曾较为广泛，但近年来许多国家已相继废除，如德国 1980 年废除亲属会议，日本的新民法中也取消了这一制度。现在只有少数国家还保留，如法国、瑞士、秘鲁等，但亲属会议的功能日渐式微。在瑞士，亲属会议由监护官厅挑选的适于行使监护权的三名亲戚组成，每届任期 4 年，担任监护人。但进行亲属监护的亲属会议全体

① 为避免语义产生歧义，此处暂用“监护”监督表示成年人保护中的监督机制。

② 参见陈苇：《外国婚姻家庭法比较研究》，群众出版社 2006 年版，第 493～494 页。

组成成员必须对其监护义务的履行提供担保，无担保则不能设立亲属监护。并且，监护官厅在亲属会议不履行义务或因为被监护人的利益需要的情况下，可以随时废除亲属监护。① 亲属会议制度体现了一种家族内的事务由亲属自行处理，政府不多加干涉的立法主张，然而随着工业化、城市化的进程，对未成年人以及社会上的弱势者的关注和保护力度越来越大，加上客观上的困难程度，所以实际还保有亲属会议的国家很少了。②

因此建议强化监护监督机制，切实保障被监护人的利益。监护监督人是对监护人的监护行为进行监督的人或机构。我国目前没有设立专门的监护监督机构，学界多主张由民政部门担任监护监督人。如果由民政部门担任国家监护人，则可以考虑通过上级民政部门和审计部门来进行监督。

二、监督事务

《日本民法典》第 851 条规定了监护监督人的职务：（1）监督监护人的事务；（2）监护人缺任时，毫不迟缓地请求法院选任；（3）有紧急事情时作出必要的处分；（4）就监护人或代表监护人的人所为与被监护人利益相反的行为，代表被监护人提起诉讼。对于其中监护事务的监督，《日本民法典》第 863 条作出明确规定：（1）监护监督人或家庭法院，可以随时要求监护人报告监护事务或提出财产目录，或者对监护事务或被监护人的财产状况进行调查。（2）家庭法院根据监护监督人、被监护人的亲属或其他利害关系人的请求，或者以职权，可以命令就被监护人的财产管理及其他监护事务作出必要的处分。③

《德国民法典》第 1799 条规定了监护监督人的义务和权利：（1）监护监督人必须注意监护人是否合乎义务地执行监护。监护

---

① 《瑞士民法典》第 362-366 条，殷生根、王燕译：《瑞士民法典》，中国政法大学出版社 1999 年版，第 100～101 页。

② 陈苇：《外国婚姻家庭法比较研究》，群众出版社 2006 年版，第 495 页。

③ 参见渠涛：《最新日本民法》，法律出版社 2006 年版，第 181、184 页。

监督人必须不迟延地向监护法院报告监护人的义务违反以及监护法院有权干预的一切情形，特别是监护人死亡或其他导致监护职务终止或使监护人的免职成为必要的情况的发生。（2）监护人必须根据请求，向监护监督人答复关于监护的执行的询问，并许可监护监督人查阅与监护有关的文件。①

我国目前成年人监护制度欠缺监督机制，因此应当设置监护监督人，其主要监督事务为：（1）监督成年保护人是否按照要求履行监护职责；（2）保护人有不正当行为或滥用权利等未能胜任保护人的，及时向法院报告并可请求法院撤销其监护资格；（3）要求保护人每年书面报告财产管理及人身照护的相关费用以及被保护人的个人详细状况，并向法院提交报告书。

① 参见陈卫佐译：《德国民法典》，法律出版社 2006 年版，第 545 页。

结　语

一般而言，按照自然规律，成年人随着年龄的增长、阅历的丰富，与未成年人相比有着知识、生活和工作经验等方面的优势。而不可否认的是，还存在着这样一些已经成年但处于弱势地位的群体：老年人、精神病人以及其他身体、智力障碍者，由于生理、心理或身体缺陷等原因，需要得到他人的照顾、帮助，使他们的身心状态和生活状况获得充分的关怀。

私法中强调的意思自治是以当事人的理性预设为前提的，在成年人保护制度中，同样应当遵循这一理念。由于欠缺行为能力的成年人或多或少地存在着意思能力的丧失或下降，缺乏了“理性”的这种前提存在，于是需要设立保护人来维持其进行法律行为所必需的理性。借助保护人的行为来帮助被保护人实现意思自治，使私法自治理念得到具体的实现，这是现代成年人保护制度所应具有的更为深层次的意义。同时，被保护的成年人仍可以通过自己尚余的意思来实现自治，使得个人的自主决定权得到最大限度的尊重和保障。

重新审视传统的成年人监护制度，如何切实保护弱势群体在民事领域的合法权益，是本书努力研究和探索的方向。为了回应现代民法的要求，我国现代成年人保护制度的构建应在注重保护弱者的基础上进行，以最少限制的方法来达到维护被保护人的利益最大化，应当针对特殊民事主体设立不同的保护方式，尽可能地使其能够充分地从事相应民事法律行为。我国在制定具有重大意义的民法典时，应当充分吸取国外有益的立法经验，将以消极监护、管理被监护人并限制其行为能力为理念的传统成年人监护制度，改变为以建立尊重被保护人的自我决定权、维持生活正常化和活用尚余能力为核心理念的现代成年人保护制度，顺应国际化的发展趋势，使被保护人能够充分地参与社会生活，真正地享有民事权利，从而达到实现法律价值的目的，促进我国民法现代化的进程，使社会在法律的基础上，真正实现和谐。

由于自己的认知和吸收消化相关研究资料的局限，加之现实社会的不断发展，现有的研究和探索仅仅是初步的，这个课题的研究将根据实践的发展继续深入下去！

参考文献

（一）专著

[1]［爱尔兰］J. M. 凯利．西方法律思想简史［M］．王笑红，译．北京：法律出版社，2002.

[2]［奥］凯尔森．法与国家的一般理论［M］．沈宗灵，译．北京：中国大百科全书出版社，1996.

[3]［日］山本敬三．民法讲义［M］．解亘，译．北京：北京大学出版社，2004.

[4]［日］四宫和夫．日本民法总则［M］．唐晖，钱孟珊，译．台湾：五南图书出版公司，1995.

[5]［古罗马］西塞罗．论共和国·论法律［M］．王焕生，译．北京：中国政法大学出版社，1997.

[6]［美］诺内特·塞尔尼兹．转变中的法律与社会［M］．张志铭，译．北京：中国政法大学出版社，1994.

[7]［美］E. 博登海默．法理学：法律哲学和法律方法［M］．邓正来，译．北京：中国政法大学出版社，2004.

[8]［美］理查德·A. 波斯纳．衰老与老龄［M］．周云，译．北京：中国政法大学出版社，2002.

[9]［美］理查德·A. 波斯纳．法理学问题［M］．苏力，译．北京：中国政法大学出版社，2002.

[10]［美］罗纳德·德沃金．认真对待权利［M］．信春鹰，吴玉章，译．北京：中国大百科全书出版社，1998.

[11]［美］艾伦·沃森．民法法系的演变与形成［M］．李静冰，姚新华，译．北京：中国政法大学出版社，1997.

[12]［美］约翰·罗尔斯．正义论［M］．何怀宏，何包钢，廖申

白，译．北京：中国社会科学出版社，1988.
[13] [德] Franz Wieacker. 近代私法史——以德意志的发展为观察重点 [M]. 陈爱娥，黄建辉，译. 台湾：五南图书出版公司，2004.
[14] [德] 迪特尔·梅迪库斯．德国民法总论 [M]. 邵建东，译. 北京：法律出版社，2000.
[15] [德] 罗尔夫·克尼佩尔．法律与历史——论德国民法典的形成与变迁 [M]. 朱岩，译．北京：法律出版社，2003.
[16] [德] 卡尔·拉伦茨．德国民法通论 [M]. 王晓晔，邵建东，程国建，谢怀栻，译．北京：法律出版社，2003.
[17] [德] K. 茨威格特，H. 克茨．比较法总论 [M]. 潘汉典，米健，高鸿钧，贺卫方，译．北京：法律出版社，2003.
[18] [德] 康德．法的形而上学原理 [M]. 沈叔平，译．北京：商务印书馆，1991.
[19] [德] 黑格尔．法哲学原理 [M]. 范扬，张企泰，译．北京：商务印书馆，1961.
[20] [德] 拉德布鲁赫．法学导论 [M]. 米健等，译．北京：中国大百科全书出版社，1997.
[21] [英] 哈特．法律的概念 [M]. 张文显，郑成良，杜景义，宋金娜，译．北京：中国大百科全书出版社，1996.
[22] [英] 梅因．古代法 [M]. 沈景一，译．北京：商务印书馆，1959.
[23] [英] 弗里德利希·冯·哈耶克．自由秩序原理（上）[M]. 邓正来，译．北京：生活·读书·新知三联书店，1997.
[24] [英] 亚当·斯密．国民财富的性质的原因研究（下）[M]. 郭大力，王亚南，译．北京：商务印书馆，1994.
[25] [英] P. H. 科林．英汉双解法律词典 [M]. 北京：世界图书出版社，1998.
[26] [意] 桑德罗·斯奇巴尼．民法大全选译·人法 [M]. 黄风译．北京：中国政法大学出版社，1995.
[27] [意] 桑德罗·斯奇巴尼．婚姻家庭和遗产继承 [M]. 费安

玲，译．北京：中国政法大学出版社，2001.
[28] [意] 彼德罗·彭梵得．罗马法教科书 [M]．黄风，译．北京：中国政法大学出版社，2005.
[29] 瑞士民法典 [M]．殷生根，王燕，译．北京：中国政法大学出版社，1999.
[30] 意大利民法典 [M]．费安玲，丁玫，译．北京：中国政法大学出版社，1997.
[31] 日本民法典 [M]．陈国柱，译．长春：吉林大学出版社，1996.
[32] 德国民法典 [M]．陈卫佐，译．北京：法律出版社，2006.
[33] 法国民法典 [M]．罗结珍，译．北京：法律出版社，2004.
[34] 郑玉波．民法总则 [M]．北京：中国政法大学出版社，2003.
[35] 梅仲协．民法要义 [M]．北京：中国政法大学出版社，1998.
[36] 王泽鉴．民法总则 [M]．北京：中国政法大学出版社，2001.
[37] 王泽鉴．民法概要 [M]．北京：中国政法大学出版社，2003.
[38] 杨与龄．民法概要 [M]．北京：中国政法大学出版社，2002.
[39] 林诚二．民法理论与问题研究 [M]．北京：中国政法大学出版社，2000.
[40] 曾世雄．民法总则之现在与未来 [M]．北京：中国政法大学出版社，2001.
[41] 赵忠孚．商法总论 [M]．北京：中国人民大学出版社，1999.
[42] 史尚宽．亲属法 [M]．北京：中国政法大学出版社，2000.
[43] 张俊浩．民法学原理（上册）[M]．北京：中国政法大学出版社，2000.
[44] 马俊驹，余延满．民法原论 [M]．北京：法律出版

社，1998.
[45] 王海明．新伦理学［M］．北京：商务印书馆，2001.
[46] 叶奕乾．心理学［M］．上海：华东师范大学出版社，1996.
[47] 周枏．罗马法原论［M］．北京：商务印书馆，1994.
[48] 渠涛．最新日本民法［M］．北京：法律出版社，2006.
[49] 渠涛．中日民商法研究（第一卷）［M］．北京：法律出版社，2003.
[50] 王泽鉴．民法学说与判例研究（第一册）［M］．北京：中国政法大学出版社，1997.
[51] 黄立．民法总则［M］．北京：中国政法大学出版社，2002.
[52] 曹诗权．未成年人监护制度研究［M］．北京：中国政法大学出版社，2004.
[53] 李霞．监护制度比较研究［M］．济南：山东大学出版社，2004.
[54] 王利明．人格权法新论［M］．长春：吉林人民出版社，1996.
[55] 梁慧星．民法［M］．成都：四川人民出版社，1989.
[56] 梁慧星．民法总论［M］．北京：法律出版社，2001.
[57] 龙卫球．民法总论［M］．北京：中国法制出版社，2002.
[58] 赵震江．法律社会学［M］．北京：北京大学出版社，1998.
[59] 顾昂然，王家福，江平．中华人民共和国民法通则［M］．北京：中国法制出版社，2000.
[60] 胡长清．中国民法总论［M］．北京：中国政法大学出版社，1997.
[61] 陈苇．外国婚姻家庭法比较研究［M］．北京：群众出版社，2006.
[62] 刘永富．黑格尔哲学解读［M］．北京：中国社会科学出版社，2002.
[63] 李锡鹤．民法哲学论稿［M］．上海：复旦大学出版社，2000.
[64] 李锡鹤．民法原理论稿［M］．北京：法律出版社，2009.

[65] 刘协和．法医精神病学［M］．北京：人民卫生出版社，1997.
[66] 丁润生．现代思维科学［M］．重庆：重庆出版社，1992.
[67] 宋林飞．社会问题概论［M］．北京：社会科学文献出版社，2002.
[68] 史尚宽．民法总论［M］．北京：中国政法大学出版社，2000.
[69] 黄茂荣．法学方法与现代民法［M］．北京：中国政法大学出版社，2001.
[70] 罗玉珍．民事主体论［M］．北京：中国大百科全书出版社，1996.
[71] 李雅云．民商法理论与实践［M］．北京：机械工业出版社，2003.
[72] 梁治平．法辨：中国法的过去、现在与未来［M］．北京：中国政法大学出版社，2002.
[73] 陈历幸．民法的理念与运作［M］．上海：上海人民出版社，2005.
[74] 全增嘏．西方哲学史（下）［M］．上海：上海人民出版社，1985.
[75] 张莉．连体人的法律人格及其保护［M］．北京：知识产权出版社，2007.
[76] 崔建远．合同法［M］．北京：法律出版社，2003.
[77] 李霞．民法典成年保护制度［M］．济南：山东大学出版社，2007.
[78] 司马云杰．文化社会学［M］．北京：中国社会科学出版社，2001.
[79] 张文显．二十世纪西方法哲学思潮研究［M］．北京：法律出版社，1996.
[80] 陈晓枫．中国法律文化研究［M］．郑州：河南人民出版社，1989.
[81] 刘进田，李少伟．法律文化导论［M］．北京：中国政法大

学出版社，2005.
[82] 褚劲风．走近老龄化社会［M］．上海：上海科学技术出版社，2001.
[83] 彭万林．民法学［M］．北京：中国政法大学出版社，1997.
[84] 董保华，朱晓喆，刘险峰．社会法原论［M］．北京：中国政法大学出版社，2001.
[85] 王利明．中国民法典学者建议稿及立法理由［M］．北京：法律出版社，2005.
[86] 梁慧星．中国民法典草案建议稿［M］．北京：法律出版社，2003.
[87] 梁慧星．中国民法典草案建议稿附理由之亲属编［M］．北京：法律出版社，2006.
[88] 谢世宪．论公法上之比例原则［M］//城仲模．行政法之一般法律原则．台湾：三民书局，1997.

（二）连续出版物

[1]［日］铃木初代．应尽照顾被保护人的私人义务［J］．陈同花，译．外国法译评，2000（2）．
[2]［日］松井茂记．论自己决定权［J］．莫纪宏，译．外国法译评，1996（3）．
[3]［日］星野英一．私法中的人——以民法财产法为中心［G］王闯，译．//梁慧星．民商法论丛（第8卷）．北京：法律出版社，1997.
[4]［德］康德拉·茨威格特，海因·克茨．行为能力比较研究［J］．孙宪忠，译：外国法译评，1998（3）．
[5] 邓晓芒．康德自由概念的三个层次［J］．复旦大学学报（社会科学版），2004（2）．
[6] 龙卫球．法律主体概念的基础性分析（下）——兼论法律的主体预定理论［J］．学术界，2000（4）．
[7] 黄茂荣．行为能力［J］．植根杂志，1998（11）．
[8] 刘得宽．成年监护法之检讨与改革［J］．政大法学评论，1999（62）．

[9] 刘得宽．新成年监护制度之检讨［J］．法学丛刊，1999（168）．
[10] 刘得宽．日本新成年后见（监护）制度［J］．法学丛刊，2000（180）．
[11] 李沃实．德国成年照护法之解析［J］．警大法学论集，1999（4）．
[12] 邓学仁．高龄社会之成年监护［J］．警大法学论集，1998（3）．
[13] 邓学仁．日本之新成年监护制度［J］．警大法学论集，2000（5）．
[14] 王育慧．论高龄者财产管理法制［J］．警大法学论集，2004（9）．
[15] 李功迎，李凌江．尊重精神病人的知情同意权［J］．中国医学伦理学，2005（2）．
[16] 沈晓玲，王祖承．"知情同意"准则在精神科的应用［J］．国外医学精神病学分册，2001（3）．
[17] 黄铁基．论行为能力构成要素［J］．前沿，2004（4）．
[18] 徐国栋．从身份到理性——现代民法中的行为能力制度沿革考［J］．法律科学，2006（4）．
[19] 阿尔多·贝特鲁奇．从身份到契约与罗马的身份制度［J］．徐国栋，译．现代法学，1997（6）．
[20] 徐国栋．试论完善我国监护制度问题［J］．西北政法学院学报，1987（2）．
[21] 白绿铉．日本修改成年人监护法律制度动态［J］．法学杂志，1999（3）．
[22] 张强．民事行为能力制度的反思与重构［J］．法学论坛，2005（5）．
[23] 李霞．成年后见制度的日本法观察［J］．法学论坛，2003（5）．
[24] 洪艳蓉．现代民法中的弱者保护［J］．河南省政法管理干部学院学报，2000（4）．

[25] 王竹青．德国从成年人监护制度到照管制度的改革与发展[J]．北京科技大学学报（社会科学版），2005（2）．
[26] 王存河．法律人格问题的比较分析[J]．甘肃政法学院学报，2005（1）．
[27] 郑学宝，李大平．患者知情同意权[J]．法律与医学杂志，2004（11）．
[28] 曹诗权，陈小君．我国婚姻法的宏观立法思路与具体方案之重构[J]．江苏社会科学，1997（4）．
[29] 李洪星．试论老年监护制度的功能[J]．技术经济与管理研究，2005（5）．
[30] 任江．论我国对非完全民事行为能力人权利之保障[J]．研究生法学，2007（4）．
[31] 李永军．论权利能力本质[J]．比较法研究，2005（2）．
[32] 高晓春．论自然人的行为能力[J]．甘肃社会科学，2004（1）．
[33] 李锡鹤．论民事能力[J]．复旦民商法学评论，2004（3）．
[34] 赵芳．弱者权益：利益博弈时代必须要关注和解决的问题[J]．理论前沿，2006（3）．
[35] 马深．论精神病人的监护[J]．甘肃政法学院学报，2006（4）．
[36] 徐涤宇，潘泊．私法自治的变迁与民法中“人”的深化[J]．华东政法学院学报，2004（6）．
[37] 赵晓力．社会法中的人——兼谈现代社会与法律人格的变迁[J]．法学，2002（8）．
[38] 尹田．自然人的行为能力、意思能力、责任能力辨析[J]．河南省政法管理干部学院学报，2001（6）．
[39] 杨立新，张莉．论植物人的法律人格及补正——植物人法律问题研究之一[J]．法律适用，2006（8）．
[40] 王申．理念、法的理念——论司法理念的普遍性[J]．法学评论，2005（4）．
[41] 马长锁，方明昭．民事行为能力的司法精神病学鉴定[J]．

临床精神医学杂志，2000（2）.
[42] 孙笑侠，郭春镇．法律父爱主义在中国的适用［J］．中国社会科学，2006（1）.
[43] 孙笑侠，郭春镇．美国的法律家长主义理论与实践［J］．法律科学，2005（6）.
[44] 舒国滢．权利的法哲学思考［J］．政法论坛，1995（3）.
[45] 李霞．论成年行为能力欠缺者的监护［G］//梁慧星．民商法论丛（第34卷）．北京：法律出版社，2006.

（三）学位论文

[1] 马旭红．自然人权利能力和行为能力关系研究［D］．北京：中国政法大学硕士论文，2005.
[2] 包学刚．身份权利派生人格权——论现代民法视野中的身份权［D］．贵阳：贵州大学硕士论文，2006.
[3] 沈文君．社会福利机构担任成年监护人可行性的探讨［D］．台湾：台北护理学院硕士论文，2005.

（四）英文文献

[1] Israel Doron. Elder Guardianship Kaleidoscope—A Comparative Perspective [M]. International Journal of Law, Policy and the Family, Oxford University Press, 2002.
[2] Lawrence A. Frolik & Melissa C. Brown. Advising the Elderly or the Disabled Client : Legal, Health Care [M]. Financial and Estate Planning, 2nd Edition, Warren, Gorham & Lamont, 2000.
[3] Joan O'Sullivan. The Guardianship Handbook—A Guide to Adult Guardianship and Guardianship Alternatives in Maryland [M]. University of Maryland School of Law, 1998.
[4] Gerald Dworkin. Paternalism [M]. in Richard Wasserstrom ed., Morality and the Law. Wadsworth Publishing Company Ltd, 1971.
[5] Joel Feinberg. Paternalism [M]. in Donald M. Borchert ed., The Encyclopedia of Philosophy: Supplement. Macmillan

Reference, 1996.
[6] T. M. Wilkinson. Dworkin on Paternalism and Well-being [M]. Oxford Journal of Legal Studies, Vol. 16, 1996.
[7] Jeffrey A. Helewitz. Elder Law [M]. Thomson Learning, 2001.
[8] Lawrence H. Averill Jr. Uniform Probate Code in a Nutshell [M]. 5th Edition, West Group, 2001.
[9] Lawrence A. Frolik & Richard L. Kaplan. Elder Law in a Nutshell [M]. 2nd Edtion, West Group, 1999.
[10] Gerald Dworkin. Paternalism [M]. in Richard. Wasserstrom. ed. Morality and the Law. Wadsworth Publishing Company Ltd, 1971.
[11] Jan Ellen Rein. Preserving Dignity and Self-determination of the Elderly in the Face of Competing Interests and Grim Alternatives: A Proposal for Statutory Refocus and Reform [J]. George Washington Law Review, August, 1992.
[12] Alison Patrucco Barnes. Beyond Guardianship Reform: A Reevaluation of Autonomy and Beneficence for a System of Principled Decision-making in Long Term Care [J]. 41 Emory Law Journal, Summer, 1992.
[13] Appelbaum PS. Missing the Boat: Competence and Consent in Psychiatric Research [J]. Am J Psychiatry, 1998.
[14] Norman Fell . Guardianship and the Elderly: Oversight not Overlooked [J]. University of Toledo Law Review, 1994.
[15] Major Michael N, Schmitt and Captain Steven A . Hatfield. The Durable Power of Attorney: Applications and Limitations [J]. 132 Military Law Review 203, Spring, 1991.
[16] William M . McGovern Jr. Trusts, Custodianship and Durable Powers of Attorney [J]. 27 Real Property, Probate and Trust Journal, Spring, 1992.
[17] Carolyn L. Dessin. Acting as Agent under a Financial Durable

Power of Attorney : An Unscripted Role [J]. 75 Nebraska Law Review 574, 1996.

[18] Margaret G. Farrell. Administrative Paternalism: Social Security's Representative Program and Two Modles of Justice [J]. Cardozo Law Review, November, 1992.

[19] Sunstein . Legal Interference with Private Preferences [J]. University of Chicago Law Review, 1986.

[20] Frank A. Johns. Ten Years after: Where Is the Constitutional Crisis with Procedural Safeguards and Due Process in Guardianship Adjudication? [J]. 7 Elder Law Journal 33, 1999.

[21] Thaddeus Mason Pope. Counting the Dragon's Teeth and Claws: The Definition of Hard Paternalism [J]. Georgia State University Law Review, Spring, Vol. 20 , 2004.

[22] Douglas Andrew Grimm. Informed Consent for All! No Exceptions [J]. New Mexico Law Review, Winter, Vol. 37, 2007.

后　记

本书是我在博士论文的基础上修改而成的。从确定选题到完成初稿，直至出版前的进一步删改和完善，每一阶段都进行着精心的构思与斟酌，使我尝到了既苦且乐的味道。这其间历时五个年头，似乎显得过于漫长，而在我看来，时间的历练和理性的磨砺则能更好地去除一些浮躁。或许本书不太成熟，但至少不会让自己存有缺憾——曾经的付出，可以无愧于己，惟愿在研读十余年法学后能够交出至少令自己满意的学术答卷。当然，遵循着学术思路的开放性，对于本书中部分尚未涉及领域的拓展性研究将会继续延续。

一直以来，对未成年人的权益研究要比对成年人的权益保护关注度高，而事实上需要得到保护的处于弱势的成年人的情形却更加复杂，在私法中存在着制度上的欠缺。霍布豪斯指出："各种社会制度和政治制度本身并不是目的。他们是社会生活的器官，是好是坏，要根据它们所蕴涵的精神来判断。"我国传统的成年人监护制度正是需要一种良好的精神理念作为指引，使之成为更加完备的现代成年人保护体系，这也是本书研究的一个重要视角。

本书最终得以成文、定稿，得益于许多师长、亲友的鼓励和帮助。最初这一选题确定时得到了导师张里安教授的肯定，让我更加坚定了在博大精深的民法理论中展开对现代成年人保护制度深入研究的信心。写作过程中，我沉浸在繁多的中外资料里徘徊和思考，时感茫然，是张老师的悉心点拨让我思路豁然开朗，挖掘出具有独特视角的研究脉络；完成初稿后，也是张老师的充分指导，从字句的斟酌、篇章结构的调整到格式的美观，使得论文更加严谨、精练。张老师那睿智谦虚的学术品格和儒雅的人格魅力，给予了我极大的熏陶，使我的学术素养得到了进一步的提升，并有益于我在今后学术道路上的成长与发展。我衷心感谢武汉大学法学院的余能斌教授、孟勤国教授、李新天教授、冯果教授、温世扬教授、陈本寒教授、赵钢教授，华中师范大学的彭真明教授，西南政法大学的李开国教授，在论文开题、答辩过程中他们提出了颇有启发性的建议，给本书的修改完善提供了宝贵的意见。诚挚感谢武汉大学法学院的同窗学友，与他们智识的交流、思想的碰撞给予了我很多的启发与灵动，三年博士求学经历的沉淀将永远成为我人生中难得的财富。由衷感谢武汉大学 WTO 学院的领导和同事们的关心，让我很快地适应了新的工作环境，使我能潜心于本书的写作。在此，我还要感谢我的家人对我长期的鼓励与关爱，是家人无私的付出让我能够顺利完成学业、安心工作。所以，本书既是我研修的成果，更是各位师长、亲友关心与支持的见证。令人欣慰的是，2010 年本书稿入选武汉大学人文社会科学学术丛书，使本书得以顺利付梓。

本书的写作虽经反复锤炼和推敲，但仍因天分不足、学识有限，致使书中难免存有疏漏与不妥之处，尚祈读者诸君批评指正。

叶　欣

2011 年 7 月 18 日

中国当代哲学问题探索
中国辩证法史稿（第一卷）
德国古典哲学逻辑进程（修订版）
毛泽东哲学分支学科研究
哲学研究方法论
改革开放的社会学研究
邓小平哲学研究
社会认识方法论
康德黑格尔哲学研究
人文社会科学哲学
中国共产党解放和发展生产力思想研究
思想政治教育有效性研究（第二版）
政治文明论
中国现代价值观的初生历程
精神动力论
广义政治论
中西文化分野的历史反思
第二次世界大战与战后欧洲一体化起源研究
哲学与美学问题
行为主义政治学方法论研究
政治现代化比较研究
调和与制衡
“跨越论”与落后国家经济发展道路
村民自治与宗族关系研究
中国特色社会主义基本问题研究
一种中道自由主义：托克维尔政治思想研究
社会转型与组织化调控
中国现阶段所有制结构及其演变的理论与实证研究
战后美国对外经济制裁
从简帛中挖掘出来的政治哲学

国际经济法概论
国际私法
国际组织法
国际条约法
国际强行法与国际公共政策
比较外资法
比较民法学
犯罪通论
刑罚通论
中国刑事政策学
中国冲突法研究
中国与国际私法统一化进程（修订版）
比较宪法学
人民代表大会制度的理论与实践
国际民商新秩序的理论建构
中国涉外经济法律问题新探
良法论
国际私法（冲突法篇）（修订版）
比较刑法原理
担保物权法比较研究
澳门有组织犯罪研究
行政法基本原则研究
国际刑法学
遗传资源获取与惠益分享的法律问题研究
欧洲联盟法总论
民事诉讼辩论原则研究
权力的法治规约
宪法与公民教育
国际商事争议解决机制研究
人民监督员制度的立法研究
论自然国际法的基本原则
现代成年人保护制度的民法研究

当代西方经济学说（上、下）
唐代人口问题研究
非农化及城镇化理论与实践
马克思经济学手稿研究
西方利润理论研究
西方经济发展思想史
宏观市场营销研究
经济运行机制与宏观调控体系
三峡工程移民与库区发展研究
２１世纪长江三峡库区的协调与可持续发展
经济全球化条件下的世界金融危机研究
中国跨世纪的改革与发展
中国特色的社会保障道路探索
发展经济学的新发展
跨国公司海外直接投资研究
利益冲突与制度变迁
市场营销审计研究
以人为本的企业文化
路径依赖、管理哲理与第三种调节方式研究
中国劳动力流动与“三农”问题
新开放经济宏观经济学理论研究
关系结合方式与中间商自发行为的关系研究
发达国家发展初期与当今发展中国家经济发展比较研究
旅游业、政府主导与公共营销
创新、模仿、知识产权和全球经济增长
消费者非伦理行为形成机理及决策过程研究
网络口碑的形成、传播与影响机制研究
消费者参与企业创造的心理机制研究

武汉大学学术丛书 书目

文言小说高峰的回归
文坛是非辩
评康殷文字学
中国戏曲文化概论（修订版）
法国小说论
宋代女性文学
《古尊宿语要》代词助词研究
社会主义文艺学
文言小说审美发展史
海外汉学研究
《文心雕龙》义疏
选择·接受·转化
中国早期文化意识的嬗变（第一卷）
中国早期文化意识的嬗变（第二卷）
中国文学流派意识的发生和发展
汉语语义结构研究
明清词研究史
新文学的版本批评
中国古代文论诗性特征研究
唐五代逐臣与贬谪文学研究
王蒙传论
教育格言论析
嘉靖前期诗坛研究（1522-1550）
清词话考述
“原来”、“从来”、“连连”三组时间副词研究
中唐元和诗歌传播接受史的文化学考察
宋词传播方式研究

中国印刷术的起源
现代情报学理论
信息经济学
中国古籍编撰史
大众媒介的政治社会化功能
现代信息管理机制研究
科学信息交流研究
比较出版学
IRM-KM范式与情报学发展研究
公共信息资源的多元化管理
学术期刊主题可视化研究

随机分析学基础
流形的拓扑学
环论
近代鞅论
鞅与ｂａｎａｃｈ空间几何学
现代偏微分方程引论
算子函数论
随机分形引论
随机过程论
平面弹性复变方法（第二版）
光纤孤子理论基础
Ｂａｎａｃｈ空间结构理论
电磁波传播原理
计算固体物理学
电磁理论中的并矢格林函数
穆斯堡尔效应与晶格动力学
植物进化生物学
广义遗传学的探索
水稻雄性不育生物学
植物逆境细胞及生理学
输卵管生殖生理与临床
Ａｇｅｎｔ和多Ａｇｅｎｔ系统的设计与应用
因特网信息资源深层开发与利用研究
并行计算机程序设计导论
并行分布计算中的调度算法理论与设计
水文非线性系统理论与方法
拱坝CADC的理论与实践
河流水沙灾害及其防治
地球重力场逼近理论与中国2000似大地水准面的确定
碾压混凝土材料、结构与性能
喷射技术理论及应用
Dirichlet级数与随机Dirichlet级数的值分布
地下水的体视化研究
病毒分子生态学
解析函数边值问题（第二版）
工业测量
日本血吸虫超微结构
能动构造及其时间标度
基于内容的视频编码与传输控制技术
机载激光雷达测量技术理论与方法
相对论与相对论重力测量
水工钢闸门检测理论与实践
空间信息的尺度、不确定性与融合
基于序列图象的视觉检测理论与方法

中日战争史（１９３１～１９４５）（修订版）
中苏外交关系研究（１９３１～１９４５）
汗简注释
国民军史
中国俸禄制度史
斯坦因所获吐鲁番文书研究
敦煌吐鲁番文书初探（二编）
十五十六世纪东西方历史初学集（续编）
清代军费研究
魏晋南北朝隋唐史三论
湖北考古发现与研究
德国资本主义发展史
法国文明史
李鸿章思想体系研究
唐长孺社会文化史论丛
殷墟文化研究
战时美国大战略与中国抗日战场（1941～1945年）
古代荆楚地理新探·续集
汉水中下游河道变迁与堤防
吐鲁番文书总目（日本收藏卷）
用典研究
《四库全书总目》编纂考
元代教育研究
中国实录体史学研究
分歧与协调
明清长江流域山区资源开发与环境演变
清代财政政策与货币政策研究
“封建”考论（第二版）
经济开发与环境变迁研究
中国华洋义赈救灾总会研究
明清鄂东宗族与地方社会
历史时期长江中游地区人类活动与环境变迁专题研究